DICTIONARY
THEME-BASED

British English Collection

ENGLISH-HINDI

The most useful words
To expand your lexicon and sharpen
your language skills

5000 words

Theme-based dictionary British English-Hindi - 5000 words
By Andrey Taranov

T&P Books vocabularies are intended for helping you learn, memorize and review foreign words. The dictionary is divided into themes, covering all major spheres of everyday activities, business, science, culture, etc.

The process of learning words using T&P Books' theme-based dictionaries gives you the following advantages:

- Correctly grouped source information predetermines success at subsequent stages of word memorization
- Availability of words derived from the same root allowing memorization of word units (rather than separate words)
- Small units of words facilitate the process of establishing associative links needed for consolidation of vocabulary
- Level of language knowledge can be estimated by the number of learned words

Copyright © 2022 T&P Books Publishing

All rights reserved No part of this book may be reproduced or utilized in any form or by any means, electronic or mechanical, including photocopying, recording or by information storage and retrieval system, without permission in writing from the publishers.

T&P Books Publishing
www.tpbooks.com

This book is also available in E-book formats.
Please visit www.tpbooks.com or the major online bookstores.

HINDI THEME-BASED DICTIONARY
British English collection

T&P Books vocabularies are intended to help you learn, memorize, and review foreign words. The vocabulary contains over 5000 commonly used words arranged thematically.

- Vocabulary contains the most commonly used words
- Recommended as an addition to any language course
- Meets the needs of beginners and advanced learners of foreign languages
- Convenient for daily use, revision sessions, and self-testing activities
- Allows you to assess your vocabulary

Special features of the vocabulary

- Words are organized according to their meaning, not alphabetically
- Words are presented in three columns to facilitate the reviewing and self-testing processes
- Words in groups are divided into small blocks to facilitate the learning process
- The vocabulary offers a convenient and simple transcription of each foreign word

The vocabulary has 155 topics including:

Basic Concepts, Numbers, Colors, Months, Seasons, Units of Measurement, Clothing & Accessories, Food & Nutrition, Restaurant, Family Members, Relatives, Character, Feelings, Emotions, Diseases, City, Town, Sightseeing, Shopping, Money, House, Home, Office, Working in the Office, Import & Export, Marketing, Job Search, Sports, Education, Computer, Internet, Tools, Nature, Countries, Nationalities and more ...

TABLE OF CONTENTS

Pronunciation guide   9
Abbreviations   11

BASIC CONCEPTS   12
Basic concepts. Part 1   12

1. Pronouns   12
2. Greetings. Salutations. Farewells   12
3. How to address   13
4. Cardinal numbers. Part 1   13
5. Cardinal numbers. Part 2   14
6. Ordinal numbers   15
7. Numbers. Fractions   15
8. Numbers. Basic operations   15
9. Numbers. Miscellaneous   15
10. The most important verbs. Part 1   16
11. The most important verbs. Part 2   17
12. The most important verbs. Part 3   18
13. The most important verbs. Part 4   18
14. Colours   19
15. Questions   20
16. Prepositions   21
17. Function words. Adverbs. Part 1   21
18. Function words. Adverbs. Part 2   23

Basic concepts. Part 2   24

19. Weekdays   24
20. Hours. Day and night   24
21. Months. Seasons   25
22. Units of measurement   27
23. Containers   28

HUMAN BEING   29
Human being. The body   29

24. Head   29
25. Human body   30

Clothing & Accessories   31

26. Outerwear. Coats   31
27. Men's & women's clothing   31

28.	Clothing. Underwear	32
29.	Headwear	32
30.	Footwear	32
31.	Personal accessories	33
32.	Clothing. Miscellaneous	33
33.	Personal care. Cosmetics	34
34.	Watches. Clocks	35

Food. Nutricion — 36

35.	Food	36
36.	Drinks	37
37.	Vegetables	38
38.	Fruits. Nuts	39
39.	Bread. Sweets	40
40.	Cooked dishes	40
41.	Spices	41
42.	Meals	42
43.	Table setting	42
44.	Restaurant	43

Family, relatives and friends — 44

45.	Personal information. Forms	44
46.	Family members. Relatives	44

Medicine — 46

47.	Diseases	46
48.	Symptoms. Treatments. Part 1	47
49.	Symptoms. Treatments. Part 2	48
50.	Symptoms. Treatments. Part 3	49
51.	Doctors	50
52.	Medicine. Drugs. Accessories	50

HUMAN HABITAT — 52
City — 52

53.	City. Life in the city	52
54.	Urban institutions	53
55.	Signs	54
56.	Urban transport	55
57.	Sightseeing	56
58.	Shopping	57
59.	Money	58
60.	Post. Postal service	59

Dwelling. House. Home — 60

61.	House. Electricity	60

62.	Villa. Mansion	60
63.	Flat	60
64.	Furniture. Interior	61
65.	Bedding	62
66.	Kitchen	62
67.	Bathroom	63
68.	Household appliances	64

HUMAN ACTIVITIES — 65
Job. Business. Part 1 — 65

69.	Office. Working in the office	65
70.	Business processes. Part 1	66
71.	Business processes. Part 2	67
72.	Production. Works	68
73.	Contract. Agreement	69
74.	Import & Export	70
75.	Finances	70
76.	Marketing	71
77.	Advertising	71
78.	Banking	72
79.	Telephone. Phone conversation	73
80.	Mobile telephone	73
81.	Stationery	74
82.	Kinds of business	74

Job. Business. Part 2 — 77

| 83. | Show. Exhibition | 77 |
| 84. | Science. Research. Scientists | 78 |

Professions and occupations — 79

85.	Job search. Dismissal	79
86.	Business people	79
87.	Service professions	80
88.	Military professions and ranks	81
89.	Officials. Priests	82
90.	Agricultural professions	82
91.	Art professions	83
92.	Various professions	83
93.	Occupations. Social status	85

Education — 86

94.	School	86
95.	College. University	87
96.	Sciences. Disciplines	88
97.	Writing system. Orthography	88
98.	Foreign languages	89

Rest. Entertainment. Travel 91

99. Trip. Travel 91
100. Hotel 91

TECHNICAL EQUIPMENT. TRANSPORT 93
Technical equipment 93

101. Computer 93
102. Internet. E-mail 94
103. Electricity 95
104. Tools 95

Transport 98

105. Aeroplane 98
106. Train 99
107. Ship 100
108. Airport 101

Life events 103

109. Holidays. Event 103
110. Funerals. Burial 104
111. War. Soldiers 104
112. War. Military actions. Part 1 105
113. War. Military actions. Part 2 107
114. Weapons 108
115. Ancient people 110
116. Middle Ages 110
117. Leader. Chief. Authorities 112
118. Breaking the law. Criminals. Part 1 113
119. Breaking the law. Criminals. Part 2 114
120. Police. Law. Part 1 115
121. Police. Law. Part 2 116

NATURE 118
The Earth. Part 1 118

122. Outer space 118
123. The Earth 119
124. Cardinal directions 120
125. Sea. Ocean 120
126. Seas & Oceans names 121
127. Mountains 122
128. Mountains names 123
129. Rivers 123
130. Rivers names 124
131. Forest 124
132. Natural resources 125

The Earth. Part 2   127

133. Weather   127
134. Severe weather. Natural disasters   128

Fauna   129

135. Mammals. Predators   129
136. Wild animals   129
137. Domestic animals   130
138. Birds   131
139. Fish. Marine animals   133
140. Amphibians. Reptiles   133
141. Insects   134

Flora   135

142. Trees   135
143. Shrubs   135
144. Fruits. Berries   136
145. Flowers. Plants   137
146. Cereals, grains   138

COUNTRIES. NATIONALITIES   139

147. Western Europe   139
148. Central and Eastern Europe   139
149. Former USSR countries   140
150. Asia   140
151. North America   141
152. Central and South America   141
153. Africa   141
154. Australia. Oceania   142
155. Cities   142

PRONUNCIATION GUIDE

Letter	Hindi example	T&P phonetic alphabet	English example

Vowels

अ	अक्सर	[a]; [ɑ], [ə]	park; teacher
आ	आगमन	[a:]	calf, palm
इ	इनाम	[i]	shorter than in 'feet'
ई	ईश्वर	[i], [i:]	feet, Peter
उ	उठना	[u]	good, booklet
ऊ	ऊपर	[u:]	pool, room
ऋ	ऋग्वेद	[r, rʲ]	green
ए	एकता	[e:]	longer than in bell
ऐ	ऐनक	[aj]	time, white
ओ	ओला	[o:]	fall, bomb
औ	औरत	[au]	loud, powder
अं	अंजीर	[ŋ]	English, ring
अः	अ से अः	[h]	home, have
ऑं	ऑफिस	[ɒ]	cotton, pocket

Consonants

क	कमरा	[k]	clock, kiss
ख	खिड़की	[kh]	work hard
ग	गरज	[g]	game, gold
घ	घर	[gh]	g aspirated
ङ	डाकू	[ŋ]	English, ring
च	चक्कर	[ʧ]	church, French
छ	छात्र	[ʧh]	hitchhiker
ज	जाना	[dʒ]	joke, general
झ	झलक	[dʒ]	joke, general
ञ	विज्ञान	[ɲ]	canyon, new
ट	मटर	[t]	tourist, trip
ठ	ठेका	[th]	don't have
ड	डंडा	[d]	day, doctor
ढ	ढलान	[d]	day, doctor
ण	क्षण	[n]	retroflex nasal
त	ताकत	[t]	tourist, trip
थ	थकना	[th]	don't have
द	दरवाज़ा	[d]	day, doctor
ध	धोना	[d]	day, doctor
न	नाई	[n]	sang, thing

Letter	Hindi example	T&P phonetic alphabet	English example
प	पिता	[p]	pencil, private
फ	फल	[f]	face, food
ब	बच्चा	[b]	baby, book
भ	भाई	[b]	baby, book
म	माता	[m]	magic, milk
य	याद	[j]	yes, New York
र	रीछ	[r]	rice, radio
ल	लाल	[l]	lace, people
व	वचन	[v]	very, river
श	शिक्षक	[ʃ]	machine, shark
ष	भाषा	[ʃ]	machine, shark
स	सोना	[s]	city, boss
ह	हज़ार	[h]	home, have

Additional consonants

क़	क़लम	[q]	king, club
ख़	ख़बर	[h]	huge, hat
ड़	लड़का	[r]	rice, radio
ढ़	पढ़ना	[r]	rice, radio
ग़	ग़लती	[ɣ]	between [g] and [h]
ज़	ज़िन्दगी	[z]	zebra, please
झ़	टैंझ़र	[ʒ]	forge, pleasure
फ़	फ़ौज	[f]	face, food

ABBREVIATIONS
used in the dictionary

English abbreviations

ab.	-	about
adj	-	adjective
adv	-	adverb
anim.	-	animate
as adj	-	attributive noun used as adjective
e.g.	-	for example
etc.	-	et cetera
fam.	-	familiar
fem.	-	feminine
form.	-	formal
inanim.	-	inanimate
masc.	-	masculine
math	-	mathematics
mil.	-	military
n	-	noun
pl	-	plural
pron.	-	pronoun
sb	-	somebody
sing.	-	singular
sth	-	something
v aux	-	auxiliary verb
vi	-	intransitive verb
vi, vt	-	intransitive, transitive verb
vt	-	transitive verb

Hindi abbreviations

f	-	feminine noun
f pl	-	feminine plural
m	-	masculine noun
m pl	-	masculine plural

BASIC CONCEPTS

Basic concepts. Part 1

1. Pronouns

I, me	मैं	main
you	तुम	tum
he, she, it	वह	vah
we	हम	ham
you (to a group)	आप	āp
they	वे	ve

2. Greetings. Salutations. Farewells

Hello! (fam.)	नमस्कार!	namaskār!
Hello! (form.)	नमस्ते!	namaste!
Good morning!	नमस्ते!	namaste!
Good afternoon!	नमस्ते!	namaste!
Good evening!	नमस्ते!	namaste!
to say hello	नमस्कार कहना	namaskār kahana
Hi! (hello)	नमस्कार!	namaskār!
greeting (n)	अभिवादन (m)	abhivādan
to greet (vt)	अभिवादन करना	abhivādan karana
How are you?	आप कैसे हैं?	āp kaise hain?
What's new?	क्या हाल है?	kya hāl hai?
Bye-Bye! Goodbye!	अलविदा!	alavida!
See you soon!	फिर मिलेंगे!	fir milenge!
Farewell! (to a friend)	अलिवदा!	alivada!
Farewell! (form.)	अलविदा!	alavida!
to say goodbye	अलविदा कहना	alavida kahana
Cheers!	अलविदा!	alavida!
Thank you! Cheers!	धन्यवाद!	dhanyavād!
Thank you very much!	बहुत बहुत शुक्रिया!	bahut bahut shukriya!
My pleasure!	कोई बात नहीं	koī bāt nahin
Don't mention it!	कोई बात नहीं	koī bāt nahin
It was nothing	कोई बात नहीं	koī bāt nahin
Excuse me! (fam.)	माफ़ कीजिएगा!	māf kījiega!
Excuse me! (form.)	माफ़ी कीजियेगा!	māfī kījiyega!
to excuse (forgive)	माफ़ करना	māf karana
to apologize (vi)	माफ़ी मांगना	māfī māngana
My apologies	मुझे माफ़ कीजिएगा	mujhe māf kījiega

I'm sorry!	मुझे माफ़ कीजिएगा!	mujhe māf kījiega!
to forgive (vt)	माफ़ करना	māf karana
please (adv)	कृप्या	krpya
Don't forget!	भूलना नहीं!	bhūlana nahin!
Certainly!	ज़रूर!	zarūr!
Of course not!	बिल्कुल नहीं!	bilkul nahin!
Okay! (I agree)	ठीक है!	thīk hai!
That's enough!	बहुत हुआ!	bahut hua!

3. How to address

mister, sir	श्रीमान	shrīmān
madam	श्रीमती	shrīmatī
miss	मैम	maim
young man	बेटा	beta
young man (little boy)	बेटा	beta
miss (little girl)	कुमारी	kumārī

4. Cardinal numbers. Part 1

0 zero	ज़ीरो	zīro
1 one	एक	ek
2 two	दो	do
3 three	तीन	tīn
4 four	चार	chār
5 five	पाँच	pānch
6 six	छह	chhah
7 seven	सात	sāt
8 eight	आठ	āth
9 nine	नौ	nau
10 ten	दस	das
11 eleven	ग्यारह	gyārah
12 twelve	बारह	bārah
13 thirteen	तेरह	terah
14 fourteen	चौदह	chaudah
15 fifteen	पन्द्रह	pandrah
16 sixteen	सोलह	solah
17 seventeen	सत्रह	satrah
18 eighteen	अठारह	athārah
19 nineteen	उन्नीस	unnīs
20 twenty	बीस	bīs
21 twenty-one	इक्कीस	ikkīs
22 twenty-two	बाईस	baīs
23 twenty-three	तेईस	teīs
30 thirty	तीस	tīs
31 thirty-one	इकतीस	ikattīs

32 thirty-two	बत्तीस	battīs
33 thirty-three	तैंतीस	taintīs
40 forty	चालीस	chālīs
41 forty-one	इत्तालीस	iktālīs
42 forty-two	बयालीस	bayālīs
43 forty-three	तैंतालीस	taintālīs
50 fifty	पचास	pachās
51 fifty-one	इक्यावन	ikyāvan
52 fifty-two	बावन	bāvan
53 fifty-three	तिरपन	tirapan
60 sixty	साठ	sāth
61 sixty-one	इकसठ	ikasath
62 sixty-two	बासठ	bāsath
63 sixty-three	तिरसठ	tirasath
70 seventy	सत्तर	sattar
71 seventy-one	इकहत्तर	ikahattar
72 seventy-two	बहत्तर	bahattar
73 seventy-three	तिहत्तर	tihattar
80 eighty	अस्सी	assī
81 eighty-one	इक्यासी	ikyāsī
82 eighty-two	बयासी	bayāsī
83 eighty-three	तिरासी	tirāsī
90 ninety	नब्बे	nabbe
91 ninety-one	इक्यानवे	ikyānave
92 ninety-two	बानवे	bānave
93 ninety-three	तिरानवे	tirānave

5. Cardinal numbers. Part 2

100 one hundred	सौ	sau
200 two hundred	दो सौ	do sau
300 three hundred	तीन सौ	tīn sau
400 four hundred	चार सौ	chār sau
500 five hundred	पाँच सौ	pānch sau
600 six hundred	छह सौ	chhah sau
700 seven hundred	सात सो	sāt so
800 eight hundred	आठ सौ	āth sau
900 nine hundred	नौ सौ	nau sau
1000 one thousand	एक हज़ार	ek hazār
2000 two thousand	दो हज़ार	do hazār
3000 three thousand	तीन हज़ार	tīn hazār
10000 ten thousand	दस हज़ार	das hazār
one hundred thousand	एक लाख	ek lākh
million	दस लाख (m)	das lākh
billion	अरब (m)	arab

6. Ordinal numbers

first (adj)	पहला	pahala
second (adj)	दूसरा	dūsara
third (adj)	तीसरा	tīsara
fourth (adj)	चौथा	chautha
fifth (adj)	पाँचवाँ	pānchavān
sixth (adj)	छठा	chhatha
seventh (adj)	सातवाँ	sātavān
eighth (adj)	आठवाँ	āthavān
ninth (adj)	नौवाँ	nauvān
tenth (adj)	दसवाँ	dasavān

7. Numbers. Fractions

fraction	अपूर्णांक (m)	apūrnānk
one half	आधा	ādha
one third	एक तीहाई	ek tīhaī
one quarter	एक चौथाई	ek chauthaī
one eighth	आठवां हिस्सा	āthavān hissa
one tenth	दसवां हिस्सा	dasavān hissa
two thirds	दो तिहाई	do tihaī
three quarters	पौना	pauna

8. Numbers. Basic operations

subtraction	घटाव (m)	ghatāv
to subtract (vi, vt)	घटाना	ghatāna
division	विभाजन (m)	vibhājan
to divide (vt)	विभाजित करना	vibhājit karana
addition	जोड़ (m)	jor
to add up (vt)	जोड़ करना	jor karana
to add (vi)	जोड़ना	jorana
multiplication	गुणन (m)	gunan
to multiply (vt)	गुणा करना	guna karana

9. Numbers. Miscellaneous

digit, figure	अंक (m)	ank
number	संख्या (f)	sankhya
numeral	संख्यावाचक (m)	sankhyāvāchak
minus sign	घटाव चिह्न (m)	ghatāv chihn
plus sign	जोड़ चिह्न (m)	jor chihn
formula	फ़ार्मूला (m)	fāramūla
calculation	गणना (f)	ganana
to count (vi, vt)	गिनना	ginana

to count up	गिनती करना	ginatī karana
to compare (vt)	तुलना करना	tulana karana
How much?	कितना?	kitana?
sum, total	कुल (m)	kul
result	नतीजा (m)	natīja
remainder	शेष (m)	shesh
a few (e.g., ~ years ago)	कुछ	kuchh
little (I had ~ time)	थोड़ा ...	thora ...
the rest	बाक़ी	bāqī
one and a half	डेढ़	derh
dozen	दर्जन (m)	darjan
in half (adv)	दो भागों में	do bhāgon men
equally (evenly)	बराबर	barābar
half	आधा (m)	ādha
time (three ~s)	बार (m)	bār

10. The most important verbs. Part 1

to advise (vt)	सलाह देना	salāh dena
to agree (say yes)	राज़ी होना	rāzī hona
to answer (vi, vt)	जवाब देना	javāb dena
to apologize (vi)	माफ़ी मांगना	māfī māngana
to arrive (vi)	पहुँचना	pahunchana
to ask (~ oneself)	पूछना	pūchhana
to ask (~ sb to do sth)	मांगना	māngana
to be (vi)	होना	hona
to be afraid	डरना	darana
to be hungry	भूख लगना	bhūkh lagana
to be interested in ...	रुचि लेना	ruchi lena
to be needed	आवश्यक होना	āvashyak hona
to be surprised	हैरान होना	hairān hona
to be thirsty	प्यास लगना	pyās lagana
to begin (vt)	शुरू करना	shurū karana
to belong to ...	स्वामी होना	svāmī hona
to boast (vi)	डींग मारना	dīng mārana
to break (split into pieces)	तोड़ना	torana
to call (~ for help)	बुलाना	bulāna
can (v aux)	सकना	sakana
to catch (vt)	पकड़ना	pakarana
to change (vt)	बदलना	badalana
to choose (select)	चुनना	chunana
to come down (the stairs)	उतरना	utarana
to compare (vt)	तुलना करना	tulana karana
to complain (vi, vt)	शिकायत करना	shikāyat karana
to confuse (mix up)	गड़बड़ा जाना	garabara jāna
to continue (vt)	जारी रखना	jārī rakhana

to control (vt)	नियंत्रित करना	niyantrit karana
to cook (dinner)	खाना बनाना	khāna banāna
to cost (vt)	दाम होना	dām hona
to count (add up)	गिनना	ginana
to count on ...	भरोसा रखना	bharosa rakhana
to create (vt)	बनाना	banāna
to cry (weep)	रोना	rona

11. The most important verbs. Part 2

to deceive (vi, vt)	धोखा देना	dhokha dena
to decorate (tree, street)	सजाना	sajāna
to defend (a country, etc.)	रक्षा करना	raksha karana
to demand (request firmly)	माँगना	māngana
to dig (vt)	खोदना	khodana

to discuss (vt)	चर्चा करना	charcha karana
to do (vt)	करना	karana
to doubt (have doubts)	शक करना	shak karana
to drop (let fall)	गिराना	girāna
to enter (room, house, etc.)	अंदर आना	andar āna

to exist (vi)	होना	hona
to expect (foresee)	उम्मीद करना	ummīd karana
to explain (vt)	समझाना	samajhāna
to fall (vi)	गिरना	girana

to fancy (vt)	पसंद करना	pasand karana
to find (vt)	ढूंढना	dhūrhana
to finish (vt)	ख़त्म करना	khatm karana
to fly (vi)	उड़ना	urana
to follow ... (come after)	पीछे चलना	pīchhe chalana

to forget (vi, vt)	भूलना	bhūlana
to forgive (vt)	क्षमा करना	kshama karana
to give (vt)	देना	dena
to give a hint	इशारा करना	ishāra karana
to go (on foot)	जाना	jāna
to go for a swim	तैरना	tairana
to go out (for dinner, etc.)	बाहर जाना	bāhar jāna
to guess (the answer)	अंदाज़ा लगाना	andāza lagāna

to have (vt)	होना	hona
to have breakfast	नाश्ता करना	nāshta karana
to have dinner	रात्रिभोज करना	rātribhoj karana
to have lunch	दोपहर का भोजन करना	dopahar ka bhojan karana
to hear (vt)	सुनना	sunana

to help (vt)	मदद करना	madad karana
to hide (vt)	छिपाना	chhipāna
to hope (vi, vt)	आशा करना	āsha karana
to hunt (vi, vt)	शिकार करना	shikār karana
to hurry (vi)	जल्दी करना	jaldī karana

12. The most important verbs. Part 3

to inform (vt)	खबर देना	khabar dena
to insist (vi, vt)	आग्रह करना	āgrah karana
to insult (vt)	अपमान करना	apamān karana
to invite (vt)	आमंत्रित करना	āmantrit karana
to joke (vi)	मज़ाक करना	mazāk karana
to keep (vt)	रखना	rakhana
to keep silent, to hush	चुप रहना	chup rahana
to kill (vt)	मार डालना	mār dālana
to know (sb)	जानना	jānana
to know (sth)	मालूम होना	mālūm hona
to laugh (vi)	हंसना	hansana
to liberate (city, etc.)	आज़ाद करना	āzād karana
to look for ... (search)	तलाश करना	talāsh karana
to love (sb)	प्यार करना	pyār karana
to make a mistake	गलती करना	galatī karana
to manage, to run	प्रबंधन करना	prabandhan karana
to mean (signify)	अर्थ होना	arth hona
to mention (talk about)	उल्लेख करना	ullekh karana
to miss (school, etc.)	गैर-हाज़िर होना	gair-hāzir hona
to notice (see)	देखना	dekhana
to object (vi, vt)	एतराज़ करना	etarāz karana
to observe (see)	देखना	dekhana
to open (vt)	खोलना	kholana
to order (meal, etc.)	ऑर्डर करना	ordar karana
to order (mil.)	हुक्म देना	hukm dena
to own (possess)	मालिक होना	mālik hona
to participate (vi)	भाग लेना	bhāg lena
to pay (vi, vt)	दाम चुकाना	dām chukāna
to permit (vt)	अनुमति देना	anumati dena
to plan (vt)	योजना बनाना	yojana banāna
to play (children)	खेलना	khelana
to pray (vi, vt)	दुआ देना	dua dena
to prefer (vt)	तरजीह देना	tarajīh dena
to promise (vt)	वचन देना	vachan dena
to pronounce (vt)	उच्चारण करना	uchchāran karana
to propose (vt)	प्रस्ताव रखना	prastāv rakhana
to punish (vt)	सज़ा देना	saza dena

13. The most important verbs. Part 4

to read (vi, vt)	पढ़ना	parhana
to recommend (vt)	सिफ़ारिश करना	sifārish karana
to refuse (vi, vt)	इन्कार करना	inkār karana
to regret (be sorry)	अफ़सोस जताना	afasos jatāna
to rent (sth from sb)	किराए पर लेना	kirae par lena

to repeat (say again)	दोहराना	doharāna
to reserve, to book	बुक करना	buk karana
to run (vi)	दौड़ना	daurana
to save (rescue)	बचाना	bachāna

to say (~ thank you)	कहना	kahana
to scold (vt)	डाँटना	dāntana
to see (vt)	देखना	dekhana
to sell (vt)	बेचना	bechana

to send (vt)	भेजना	bhejana
to shoot (vi)	गोली चलाना	golī chalāna
to shout (vi)	चिल्लाना	chillāna
to show (vt)	दिखाना	dikhāna
to sign (document)	हस्ताक्षर करना	hastākshar karana

to sit down (vi)	बैठना	baithana
to smile (vi)	मुस्कुराना	muskurāna
to speak (vi, vt)	बोलना	bolana
to steal (money, etc.)	चुराना	churāna
to stop (for pause, etc.)	रुकना	rukana

to stop (please ~ calling me)	बंद करना	band karana
to study (vt)	पढ़ाई करना	parhaī karana
to swim (vi)	तैरना	tairana
to take (vt)	लेना	lena
to think (vi, vt)	सोचना	sochana

to threaten (vt)	धमकाना	dhamakāna
to touch (with hands)	छूना	chhūna
to translate (vt)	अनुवाद करना	anuvād karana
to trust (vt)	यक़ीन करना	yakīn karana
to try (attempt)	कोशिश करना	koshish karana

to turn (e.g., ~ left)	मुड़ जाना	mur jāna
to underestimate (vt)	कम मूल्यांकन करना	kam mūlyānkan karana
to understand (vt)	समझना	samajhana
to unite (vt)	संयुक्त करना	sanyukt karana
to wait (vt)	इंतज़ार करना	intazār karana

to want (wish, desire)	चाहना	chāhana
to warn (vt)	चेतावनी देना	chetāvanī dena
to work (vi)	काम करना	kām karana
to write (vt)	लिखना	likhana
to write down	लिख लेना	likh lena

14. Colours

colour	रंग (m)	rang
shade (tint)	रंग (m)	rang
hue	रंग (m)	rang
rainbow	इन्द्रधनुष (f)	indradhanush
white (adj)	सफ़ेद	safed
black (adj)	काला	kāla

grey (adj)	धूसर	dhūsar
green (adj)	हरा	hara
yellow (adj)	पीला	pīla
red (adj)	लाल	lāl

blue (adj)	नीला	nīla
light blue (adj)	हल्का नीला	halka nīla
pink (adj)	गुलाबी	gulābī
orange (adj)	नारंगी	nārangī
violet (adj)	बैंगनी	bainganī
brown (adj)	भूरा	bhūra

| golden (adj) | सुनहरा | sunahara |
| silvery (adj) | चांदी-जैसा | chāndī-jaisa |

beige (adj)	हल्का भूरा	halka bhūra
cream (adj)	क्रीम	krīm
turquoise (adj)	फ़िरोज़ी	firozī
cherry red (adj)	चेरी जैसा लाल	cherī jaisa lāl
lilac (adj)	हल्का बैंगनी	halka bainganī
crimson (adj)	गहरा लाल	gahara lāl

light (adj)	हल्का	halka
dark (adj)	गहरा	gahara
bright, vivid (adj)	चमकीला	chamakīla

coloured (pencils)	रंगीन	rangīn
colour (e.g. ~ film)	रंगीन	rangīn
black-and-white (adj)	काला-सफ़ेद	kāla-safed
plain (one-coloured)	एक रंग का	ek rang ka
multicoloured (adj)	बहुरंगी	bahurangī

15. Questions

Who?	कौन?	kaun?
What?	क्या?	kya?
Where? (at, in)	कहाँ?	kahān?
Where (to)?	किधर?	kidhar?
From where?	कहाँ से?	kahān se?
When?	कब?	kab?
Why? (What for?)	क्यों?	kyon?
Why? (~ are you crying?)	क्यों?	kyon?

What for?	किस लिये?	kis liye?
How? (in what way)	कैसे?	kaise?
What? (What kind of ...?)	कौन-सा?	kaun-sa?
Which?	कौन-सा?	kaun-sa?

To whom?	किसको?	kisako?
About whom?	किसके बारे में?	kisake bāre men?
About what?	किसके बारे में?	kisake bāre men?
With whom?	किसके?	kisake?
How many? How much?	कितना?	kitana?
Whose?	किसका?	kisaka?

16. Prepositions

with (accompanied by)	के साथ	ke sāth
without	के बिना	ke bina
to (indicating direction)	की तरफ़	kī taraf
about (talking ~ ...)	के बारे में	ke bāre men
before (in time)	के पहले	ke pahale
in front of ...	के सामने	ke sāmane
under (beneath, below)	के नीचे	ke nīche
above (over)	के ऊपर	ke ūpar
on (atop)	पर	par
from (off, out of)	से	se
of (made from)	से	se
in (e.g. ~ ten minutes)	में	men
over (across the top of)	के ऊपर चढ़कर	ke ūpar charhakar

17. Function words. Adverbs. Part 1

Where? (at, in)	कहाँ?	kahān?
here (adv)	यहाँ	yahān
there (adv)	वहां	vahān
somewhere (to be)	कहीं	kahīn
nowhere (not in any place)	कहीं नहीं	kahīn nahin
by (near, beside)	के पास	ke pās
by the window	खिड़की के पास	khirakī ke pās
Where (to)?	किधर?	kidhar?
here (e.g. come ~!)	इधर	idhar
there (e.g. to go ~)	उधर	udhar
from here (adv)	यहां से	yahān se
from there (adv)	वहां से	vahān se
close (adv)	पास	pās
far (adv)	दूर	dūr
near (e.g. ~ Paris)	निकट	nikat
nearby (adv)	पास	pās
not far (adv)	दूर नहीं	dūr nahin
left (adj)	बायाँ	bāyān
on the left	बायीं तरफ़	bāyīn taraf
to the left	बायीं तरफ़	bāyīn taraf
right (adj)	दायां	dāyān
on the right	दायीं तरफ़	dāyīn taraf
to the right	दायीं तरफ़	dāyīn taraf
in front (adv)	सामने	sāmane
front (as adj)	सामने का	sāmane ka

ahead (the kids ran ~)	आगे	āge
behind (adv)	पीछे	pīchhe
from behind	पीछे से	pīchhe se
back (towards the rear)	पीछे	pīchhe
middle	बीच (m)	bīch
in the middle	बीच में	bīch men
at the side	कोने में	kone men
everywhere (adv)	सभी	sabhī
around (in all directions)	आस-पास	ās-pās
from inside	अंदर से	andar se
somewhere (to go)	कहीं	kahīn
straight (directly)	सीधे	sīdhe
back (e.g. come ~)	वापस	vāpas
from anywhere	कहीं से भी	kahīn se bhī
from somewhere	कहीं से	kahīn se
firstly (adv)	पहले	pahale
secondly (adv)	दूसरा	dūsara
thirdly (adv)	तीसरा	tīsara
suddenly (adv)	अचानक	achānak
at first (in the beginning)	शुरू में	shurū men
for the first time	पहली बार	pahalī bār
long before ...	बहुत समय पहले ...	bahut samay pahale ...
anew (over again)	नई शुरूआत	naī shurūāt
for good (adv)	हमेशा के लिए	hamesha ke lie
never (adv)	कभी नहीं	kabhī nahin
again (adv)	फिर से	fir se
now (at present)	अब	ab
often (adv)	अकसर	akasar
then (adv)	तब	tab
urgently (quickly)	तत्काल	tatkāl
usually (adv)	आमतौर पर	āmataur par
by the way, ...	प्रसंगवश	prasangavash
possibly	मुमकिन	mumakin
probably (adv)	संभव	sambhav
maybe (adv)	शायद	shāyad
besides ...	इस के अलावा	is ke alāva
that's why ...	इस लिए	is lie
in spite of ...	फिर भी ...	fir bhī ...
thanks to ...	... की मेहरबानी से	... kī meharabānī se
what (pron.)	क्या	kya
that (conj.)	कि	ki
something	कुछ	kuchh
anything (something)	कुछ भी	kuchh bhī
nothing	कुछ नहीं	kuchh nahin
who (pron.)	कौन	kaun
someone	कोई	koī

somebody	कोई	koī
nobody	कोई नहीं	koī nahin
nowhere (a voyage to ~)	कहीं नहीं	kahīn nahin
nobody's	किसी का नहीं	kisī ka nahin
somebody's	किसी का	kisī ka
so (I'm ~ glad)	कितना	kitana
also (as well)	भी	bhī
too (as well)	भी	bhī

18. Function words. Adverbs. Part 2

Why?	क्यों?	kyon?
for some reason	किसी कारणवश	kisī kāranavash
because ...	क्यों कि ...	kyon ki ...
for some purpose	किसी वजह से	kisī vajah se
and	और	aur
or	या	ya
but	लेकिन	lekin
for (e.g. ~ me)	के लिए	ke lie
too (excessively)	ज़्यादा	zyāda
only (exclusively)	सिर्फ़	sirf
exactly (adv)	ठीक	thīk
about (more or less)	करीब	karīb
approximately (adv)	लगभग	lagabhag
approximate (adj)	अनुमानित	anumānit
almost (adv)	करीब	karīb
the rest	बाक़ी	bāqī
each (adj)	हर एक	har ek
any (no matter which)	कोई	koī
many, much (a lot of)	बहुत	bahut
many people	बहुत लोग	bahut log
all (everyone)	सभी	sabhī
in return for ...	... के बदले में	... ke badale men
in exchange (adv)	की जगह	kī jagah
by hand (made)	हाथ से	hāth se
hardly (negative opinion)	शायद ही	shāyad hī
probably (adv)	शायद	shāyad
on purpose (intentionally)	जानबूझकर	jānabūjhakar
by accident (adv)	संयोगवश	sanyogavash
very (adv)	बहुत	bahut
for example (adv)	उदाहरण के लिए	udāharan ke lie
between	के बीच	ke bīch
among	में	men
so much (such a lot)	इतना	itana
especially (adv)	ख़ासतौर पर	khāsataur par

Basic concepts. Part 2

19. Weekdays

Monday	सोमवार (m)	somavār
Tuesday	मंगलवार (m)	mangalavār
Wednesday	बुधवार (m)	budhavār
Thursday	गुरूवार (m)	gurūvār
Friday	शुक्रवार (m)	shukravār
Saturday	शनिवार (m)	shanivār
Sunday	रविवार (m)	ravivār

today (adv)	आज	āj
tomorrow (adv)	कल	kal
the day after tomorrow	परसों	parason
yesterday (adv)	कल	kal
the day before yesterday	परसों	parason

day	दिन (m)	din
working day	कार्यदिवस (m)	kāryadivas
public holiday	सार्वजनिक छुट्टी (f)	sārvajanik chhuttī
day off	छुट्टी का दिन (m)	chhuttī ka din
weekend	सप्ताहांत (m)	saptāhānt

all day long	सारा दिन	sāra din
the next day (adv)	अगला दिन	agala din
two days ago	दो दिन पहले	do din pahale
the day before	एक दिन पहले	ek din pahale
daily (adj)	दैनिक	dainik
every day (adv)	हर दिन	har din

week	हफ़्ता (f)	hafata
last week (adv)	पिछले हफ़्ते	pichhale hafate
next week (adv)	अगले हफ़्ते	agale hafate
weekly (adj)	साप्ताहिक	saptāhik
every week (adv)	हर हफ़्ते	har hafate
twice a week	हफ़्ते में दो बार	hafate men do bār
every Tuesday	हर मंगलवार को	har mangalavār ko

20. Hours. Day and night

morning	सुबह (m)	subah
in the morning	सुबह में	subah men
noon, midday	दोपहर (m)	dopahar
in the afternoon	दोपहर में	dopahar men

evening	शाम (m)	shām
in the evening	शाम में	shām men

night	रात (f)	rāt
at night	रात में	rāt men
midnight	आधी रात (f)	ādhī rāt
second	सेकन्ड (m)	sekand
minute	मिनट (m)	minat
hour	घंटा (m)	ghanta
half an hour	आधा घंटा	ādha ghanta
a quarter-hour	सवा	sava
fifteen minutes	पंद्रह मीनट	pandrah mīnat
24 hours	24 घंटे (m)	chaubīs ghante
sunrise	सूर्योदय (m)	sūryoday
dawn	सूर्योदय (m)	sūryoday
early morning	प्रातःकाल (m)	prātahkāl
sunset	सूर्यास्त (m)	sūryāst
early in the morning	सुबह-सवेरे	subah-savere
this morning	इस सुबह	is subah
tomorrow morning	कल सुबह	kal subah
this afternoon	आज शाम	āj shām
in the afternoon	दोपहर में	dopahar men
tomorrow afternoon	कल दोपहर	kal dopahar
tonight (this evening)	आज शाम	āj shām
tomorrow night	कल रात	kal rāt
at 3 o'clock sharp	ठीक तीन बजे में	thīk tīn baje men
about 4 o'clock	लगभग चार बजे	lagabhag chār baje
by 12 o'clock	बारह बजे तक	bārah baje tak
in 20 minutes	बीस मीनट में	bīs mīnat men
in an hour	एक घंटे में	ek ghante men
on time (adv)	ठीक समय पर	thīk samay par
a quarter to ...	पौने ... बजे	paune ... baje
within an hour	एक घंटे के अंदर	ek ghante ke andar
every 15 minutes	हर पंद्रह मीनट	har pandrah mīnat
round the clock	दिन-रात (m pl)	din-rāt

21. Months. Seasons

January	जनवरी (m)	janavarī
February	फ़रवरी (m)	faravarī
March	मार्च (m)	mārch
April	अप्रैल (m)	aprail
May	माई (m)	maī
June	जून (m)	jūn
July	जुलाई (m)	julaī
August	अगस्त (m)	agast
September	सितम्बर (m)	sitambar
October	अक्तूबर (m)	aktūbar

November	नवम्बर (m)	navambar
December	दिसम्बर (m)	disambar
spring	वसन्त (m)	vasant
in spring	वसन्त में	vasant men
spring (as adj)	वसन्त	vasant
summer	गरमी (f)	garamī
in summer	गरमियों में	garamiyon men
summer (as adj)	गरमी	garamī
autumn	शरद (m)	sharad
in autumn	शरद में	sharad men
autumn (as adj)	शरद	sharad
winter	सर्दी (f)	sardī
in winter	सर्दियों में	sardiyon men
winter (as adj)	सर्दी	sardī
month	महीना (m)	mahīna
this month	इस महीने	is mahīne
next month	अगले महीने	agale mahīne
last month	पिछले महीने	pichhale mahīne
a month ago	एक महीने पहले	ek mahīne pahale
in a month (a month later)	एक महीने में	ek mahīne men
in 2 months (2 months later)	दो महीने में	do mahīne men
the whole month	पूरे महीने	pūre mahīne
all month long	पूरे महीने	pūre mahīne
monthly (~ magazine)	मासिक	māsik
monthly (adv)	हर महीने	har mahīne
every month	हर महीने	har mahīne
twice a month	महीने में दो बार	mahine men do bār
year	वर्ष (m)	varsh
this year	इस साल	is sāl
next year	अगले साल	agale sāl
last year	पिछले साल	pichhale sāl
a year ago	एक साल पहले	ek sāl pahale
in a year	एक साल में	ek sāl men
in two years	दो साल में	do sāl men
the whole year	पूरा साल	pūra sāl
all year long	पूरा साल	pūra sāl
every year	हर साल	har sāl
annual (adj)	वार्षिक	vārshik
annually (adv)	वार्षिक	vārshik
4 times a year	साल में चार बार	sāl men chār bār
date (e.g. today's ~)	तारीख़ (f)	tārīkh
date (e.g. ~ of birth)	तारीख़ (f)	tārīkh
calendar	कैलेन्डर (m)	kailendar
half a year	आधे वर्ष (m)	ādhe varsh
six months	छमाही (f)	chhamāhī

| season (summer, etc.) | मौसम (m) | mausam |
| century | शताबदी (f) | shatābadī |

22. Units of measurement

weight	वज़न (m)	vazan
length	लम्बाई (f)	lambaī
width	चौड़ाई (f)	chauraī
height	ऊंचाई (f)	ūnchaī
depth	गहराई (f)	gaharaī
volume	घनत्व (f)	ghanatv
area	क्षेत्रफल (m)	kshetrafal

gram	ग्राम (m)	grām
milligram	मिलीग्राम (m)	milīgrām
kilogram	किलोग्राम (m)	kilogrām
ton	टन (m)	tan
pound	पौण्ड (m)	paund
ounce	औन्स (m)	auns

metre	मीटर (m)	mītar
millimetre	मिलीमीटर (m)	milīmītar
centimetre	सेंटीमीटर (m)	sentīmītar
kilometre	किलोमीटर (m)	kilomītar
mile	मील (m)	mīl

inch	इंच (m)	inch
foot	फुट (m)	fut
yard	गज (m)	gaj

| square metre | वर्ग मीटर (m) | varg mītar |
| hectare | हेक्टेयर (m) | hekteyar |

litre	लीटर (m)	lītar
degree	डिग्री (m)	digrī
volt	वोल्ट (m)	volt
ampere	ऐम्पेयर (m)	aimpeyar
horsepower	अश्व शक्ति (f)	ashv shakti

quantity	मात्रा (f)	mātra
a little bit of …	कुछ …	kuchh …
half	आधा (m)	ādha

| dozen | दर्जन (m) | darjan |
| piece (item) | टुकड़ा (m) | tukara |

| size | माप (m) | māp |
| scale (map ~) | पैमाना (m) | paimāna |

minimal (adj)	न्यूनतम	nyūnatam
the smallest (adj)	सब से छोटा	sab se chhota
medium (adj)	मध्य	madhy
maximal (adj)	अधिकतम	adhikatam
the largest (adj)	सबसे बड़ा	sabase bara

23. Containers

canning jar (glass ~)	शीशी (f)	shīshī
tin, can	डिब्बा (m)	dibba
bucket	बाल्टी (f)	bāltī
barrel	पीपा (m)	pīpa
wash basin (e.g., plastic ~)	चिलमची (f)	chilamachī
tank (100L water ~)	कुण्ड (m)	kund
hip flask	फ़्लास्क (m)	flāsk
jerrycan	जेरिकैन (m)	jerikain
tank (e.g., tank car)	टंकी (f)	tankī
mug	मग (m)	mag
cup (of coffee, etc.)	प्याली (f)	pyālī
saucer	सॉसर (m)	sosar
glass (tumbler)	गिलास (m)	gilās
wine glass	वाइन गिलास (m)	vain gilās
stock pot (soup pot)	सॉसपैन (m)	sosapain
bottle (~ of wine)	बोतल (f)	botal
neck (of the bottle, etc.)	गला (m)	gala
carafe (decanter)	जग (m)	jag
pitcher	सुराही (f)	surāhī
vessel (container)	बरतन (m)	baratan
pot (crock, stoneware ~)	घड़ा (m)	ghara
vase	फूलदान (m)	fūladān
flacon, bottle (perfume ~)	शीशी (f)	shīshī
vial, small bottle	शीशी (f)	shīshī
tube (of toothpaste)	ट्यूब (m)	tyūb
sack (bag)	थैला (m)	thaila
bag (paper ~, plastic ~)	थैली (f)	thailī
packet (of cigarettes, etc.)	पैकेट (f)	paiket
box (e.g. shoebox)	डिब्बा (m)	dibba
crate	डिब्बा (m)	dibba
basket	टोकरी (f)	tokarī

HUMAN BEING

Human being. The body

24. Head

head	सिर (m)	sir
face	चेहरा (m)	chehara
nose	नाक (f)	nāk
mouth	मुँह (m)	munh
eye	आँख (f)	ānkh
eyes	आँखें (f)	ānkhen
pupil	आँख की पुतली (f)	ānkh kī putalī
eyebrow	भौंह (f)	bhaunh
eyelash	बरौनी (f)	baraunī
eyelid	पलक (m)	palak
tongue	जीभ (m)	jībh
tooth	दाँत (f)	dānt
lips	होंठ (m)	honth
cheekbones	गाल की हड्डी (f)	gāl kī haddī
gum	मसूड़ा (m)	masūra
palate	तालु (m)	tālu
nostrils	नथने (m pl)	nathane
chin	ठोड़ी (f)	thorī
jaw	जबड़ा (m)	jabara
cheek	गाल (m)	gāl
forehead	माथा (m)	māthā
temple	कनपट्टी (f)	kanapattī
ear	कान (m)	kān
back of the head	सिर का पिछला हिस्सा (m)	sir ka pichhala hissa
neck	गरदन (m)	garadan
throat	गला (m)	gala
hair	बाल (m pl)	bāl
hairstyle	हेयरस्टाइल (m)	heyarastail
haircut	हेयरकट (m)	heyarakat
wig	नकली बाल (m)	nakalī bāl
moustache	मूँछें (f pl)	mūnchhen
beard	दाढ़ी (f)	dārhī
to have (a beard, etc.)	होना	hona
plait	चोटी (f)	chotī
sideboards	गलमुच्छा (m)	galamuchchha
red-haired (adj)	लाल बाल	lāl bāl
grey (hair)	सफ़ेद बाल	safed bāl

29

bald (adj)	गंजा	ganja
bald patch	गंजाई (f)	ganjaī
ponytail	पोनी-टेल (f)	ponī-tel
fringe	बेंग (m)	beng

25. Human body

hand	हाथ (m)	hāth
arm	बाँह (m)	bānh
finger	उँगली (m)	ungalī
thumb	अँगूठा (m)	angūtha
little finger	छोटी उंगली (f)	chhotī ungalī
nail	नाखून (m)	nākhūn
fist	मुट्ठी (m)	mutthī
palm	हथेली (f)	hathelī
wrist	कलाई (f)	kalaī
forearm	प्रकोष्ठ (m)	prakoshth
elbow	कोहनी (f)	kohanī
shoulder	कंधा (m)	kandha
leg	टाँग (f)	tāng
foot	पैर का तलवा (m)	pair ka talava
knee	घुटना (m)	ghutana
calf	पिंडली (f)	pindalī
hip	जाँघ (f)	jāngh
heel	एड़ी (f)	erī
body	शरीर (m)	sharīr
stomach	पेट (m)	pet
chest	सीना (m)	sīna
breast	स्तन (f)	stan
flank	कूल्हा (m)	kūlha
back	पीठ (f)	pīth
lower back	पीठ का निचला हिस्सा (m)	pīth ka nichala hissa
waist	कमर (f)	kamar
navel (belly button)	नाभी (f)	nābhī
buttocks	नितंब (m pl)	nitamb
bottom	नितम्ब (m)	nitamb
beauty spot	सौंदर्य चिन्ह (f)	saundary chinh
birthmark (café au lait spot)	जन्म चिह्न (m)	janm chihn
tattoo	टैटू (m)	taitū
scar	घाव का निशान (m)	ghāv ka nishān

Clothing & Accessories

26. Outerwear. Coats

clothes	कपड़े (m)	kapare
outerwear	बाहरी पोशाक (m)	bāharī poshāk
winter clothing	सर्दियों की पोशाक (f)	sardiyon kī poshak
coat (overcoat)	ओवरकोट (m)	ovarakot
fur coat	फरकोट (m)	farakot
fur jacket	फ़र की जैकेट (f)	far kī jaiket
down coat	फ़ेदर कोट (m)	fedar kot
jacket (e.g. leather ~)	जैकेट (f)	jaiket
raincoat (trenchcoat, etc.)	बरसाती (f)	barasātī
waterproof (adj)	जलरोधक	jalarodhak

27. Men's & women's clothing

shirt (button shirt)	कमीज़ (f)	kamīz
trousers	पैंट (m)	paint
jeans	जीन्स (m)	jīns
suit jacket	कोट (m)	kot
suit	सूट (m)	sūt
dress (frock)	फ्रॉक (f)	frok
skirt	स्कर्ट (f)	skart
blouse	ब्लाउज़ (f)	blauz
knitted jacket (cardigan, etc.)	कार्डिगन (f)	kārdigan
jacket (of a woman's suit)	जैकेट (f)	jaiket
T-shirt	टी-शर्ट (f)	tī-shart
shorts (short trousers)	शोर्ट्स (m pl)	shorts
tracksuit	ट्रैक सूट (m)	traik sūt
bathrobe	बाथ रोब (m)	bāth rob
pyjamas	पजामा (m)	pajāma
jumper (sweater)	सूटर (m)	sūtar
pullover	पुलोवर (m)	pulovar
waistcoat	बण्डी (m)	bandī
tailcoat	टेल-कोट (m)	tel-kot
dinner suit	डिनर-जैकेट (f)	dinar-jaiket
uniform	वर्दी (f)	vardī
workwear	वर्दी (f)	vardī
boiler suit	ओवरऑल्स (m)	ovarols
coat (e.g. doctor's smock)	कोट (m)	kot

28. Clothing. Underwear

underwear	अंगवस्त्र (m)	angavastr
vest (singlet)	बनियान (f)	baniyān
socks	मोज़े (m pl)	moze
nightdress	नाइट गाउन (m)	nait gaun
bra	ब्रा (f)	bra
knee highs (knee-high socks)	घुटनों तक के मोज़े (m)	ghutanon tak ke moze
tights	टाइट्स (m pl)	taits
stockings (hold ups)	स्टॉकिंग (m pl)	stāking
swimsuit, bikini	स्विम सूट (m)	svim sūt

29. Headwear

hat	टोपी (f)	topī
trilby hat	हैट (f)	hait
baseball cap	बैस्बॉल कैप (f)	baisbol kaip
flatcap	फ़्लैट कैप (f)	flait kaip
beret	बेरेट (m)	beret
hood	हुड (m)	hūd
panama hat	पनामा हैट (m)	panāma hait
knit cap (knitted hat)	बुनी हुई टोपी (f)	bunī huī topī
headscarf	सिर का स्कार्फ़ (m)	sir ka skārf
women's hat	महिलाओं की टोपी (f)	mahilaon kī topī
hard hat	हेलमेट (f)	helamet
forage cap	पुलिसीया टोपी (f)	pulisīya topī
helmet	हेलमेट (f)	helamet
bowler	बॉलर हैट (m)	bolar hait
top hat	टॉप हैट (m)	top hait

30. Footwear

footwear	पनही (f)	panahī
shoes (men's shoes)	जूते (m pl)	jūte
shoes (women's shoes)	जूते (m pl)	jūte
boots (e.g., cowboy ~)	बूट (m pl)	būt
carpet slippers	चप्पल (f pl)	chappal
trainers	टेनिस के जूते (m)	tenis ke jūte
trainers	स्नीकर्स (m)	snīkars
sandals	सैन्डल (f)	saindal
cobbler (shoe repairer)	मोची (m)	mochī
heel	एड़ी (f)	erī
pair (of shoes)	जोड़ा (m)	jora
lace (shoelace)	जूते का फ़ीता (m)	jūte ka fīta

to lace up (vt)	फ़ीता बाँधना	fīta bāndhana
shoehorn	शू-होर्न (m)	shū-horn
shoe polish	बूट-पालिश (m)	būt-pālish

31. Personal accessories

gloves	दस्ताने (m pl)	dastāne
mittens	दस्ताने (m pl)	dastāne
scarf (muffler)	मफ़लर (m)	mafalar
glasses	ऐनक (m pl)	ainak
frame (eyeglass ~)	चश्मे का फ्रेम (m)	chashme ka frem
umbrella	छतरी (f)	chhatarī
walking stick	छड़ी (f)	chharī
hairbrush	ब्रश (m)	brash
fan	पंखा (m)	pankha
tie (necktie)	टाई (f)	taī
bow tie	बो टाई (f)	bo taī
braces	पतलून बाँधने का फ़ीता (m)	patalūn bāndhane ka fīta
handkerchief	रूमाल (m)	rūmāl
comb	कंघा (m)	kangha
hair slide	बालपिन (f)	bālapin
hairpin	हेयरक्लीप (f)	heyaraklīp
buckle	बकसुआ (m)	bakasua
belt	बेल्ट (m)	belt
shoulder strap	कंधे का पट्टा (m)	kandhe ka patta
bag (handbag)	बैग (m)	baig
handbag	पर्स (m)	pars
rucksack	बैकपैक (m)	baikapaik

32. Clothing. Miscellaneous

fashion	फ़ैशन (m)	faishan
in vogue (adj)	प्रचलन में	prachalan men
fashion designer	फ़ैशन डिज़ाइनर (m)	faishan dizainar
collar	कॉलर (m)	kolar
pocket	जेब (m)	jeb
pocket (as adj)	जेब	jeb
sleeve	आस्तीन (f)	āstīn
hanging loop	हैंगिंग लूप (f)	hainging lūp
flies (on trousers)	ज़िप (f)	zip
zip (fastener)	ज़िप (f)	zip
fastener	हुक (m)	huk
button	बटन (m)	batan
buttonhole	बटन का काज (m)	batan ka kāj
to come off (ab. button)	निकल जाना	nikal jāna

to sew (vi, vt)	सीना	sīna
to embroider (vi, vt)	काढ़ना	kārhana
embroidery	कढ़ाई (f)	karhaī
sewing needle	सूई (f)	sūī
thread	धागा (m)	dhāga
seam	सीवन (m)	sīvan

to get dirty (vi)	मैला होना	maila hona
stain (mark, spot)	धब्बा (m)	dhabba
to crease, to crumple	शिकन पड़ जाना	shikan par jāna
to tear, to rip (vt)	फट जाना	fat jāna
clothes moth	कपड़ों के कीड़े (m)	kaparon ke kīre

33. Personal care. Cosmetics

toothpaste	टूथपेस्ट (m)	tūthapest
toothbrush	टूथब्रश (m)	tūthabrash
to clean one's teeth	दाँत साफ़ करना	dānt sāf karana

razor	रेज़र (f)	rezar
shaving cream	हजामत का क्रीम (m)	hajāmat ka krīm
to shave (vi)	शेव करना	shev karana

| soap | साबुन (m) | sābun |
| shampoo | शैम्पू (m) | shaimpū |

scissors	कैंची (f pl)	kainchī
nail file	नाख़ून घिसनी (f)	nākhūn ghisanī
nail clippers	नाख़ून कतरनी (f)	nākhūn kataranī
tweezers	ट्वीज़र्स (f)	tvīzars

cosmetics	श्रृंगार-सामग्री (f)	shrrngār-sāmagrī
face mask	चेहरे का लेप (m)	chehare ka lep
manicure	मैनीक्योर (m)	mainīkyor
to have a manicure	मैनीक्योर करवाना	mainīkyor karavāna
pedicure	पेडिक्यूर (m)	pedikyūr

make-up bag	श्रृंगार थैली (f)	shrrngār thailī
face powder	पाउडर (m)	paudar
powder compact	कॉम्पैक्ट पाउडर (m)	kompaikt paudar
blusher	ब्लशर (m)	blashar

perfume (bottled)	ख़ुशबू (f)	khushabū
toilet water (lotion)	टॉयलेट वॉटर (m)	tāyalet votar
lotion	लोशन (m)	loshan
cologne	कोलोन (m)	kolon

eyeshadow	आई-शैडो (m)	āī-shaido
eyeliner	आई-पेंसिल (f)	āī-pensil
mascara	मस्कारा (m)	maskāra

lipstick	लिपस्टिक (m)	lipastik
nail polish	नेल पॉलिश (f)	nel polish
hair spray	हेयर स्प्रे (m)	heyar spre

deodorant	डिओडरेन्ट (m)	diodarent
cream	क्रीम (m)	krīm
face cream	चेहरे की क्रीम (f)	chehare kī krīm
hand cream	हाथ की क्रीम (f)	hāth kī krīm
anti-wrinkle cream	एंटी रिंकल क्रीम (f)	entī rinkal krīm
day (as adj)	दिन का	din ka
night (as adj)	रात का	rāt ka
tampon	टैम्पन (m)	taimpan
toilet paper (toilet roll)	टॉयलेट पेपर (m)	toyalet pepar
hair dryer	हेयर ड्रायर (m)	heyar drāyar

34. Watches. Clocks

watch (wristwatch)	घड़ी (f pl)	gharī
dial	डायल (m)	dāyal
hand (clock, watch)	सुई (f)	suī
metal bracelet	धातु से बनी घड़ी का पट्टा (m)	dhātu se banī gharī ka patta
watch strap	घड़ी का पट्टा (m)	gharī ka patta
battery	बैटरी (f)	baiterī
to be flat (battery)	ख़त्म हो जाना	khatm ho jāna
to change a battery	बैटरी बदलना	baiterī badalana
to run fast	तेज़ चलना	tez chalana
to run slow	धीमी चलना	dhīmī chalana
wall clock	दीवार-घड़ी (f pl)	dīvār-gharī
hourglass	रेत-घड़ी (f pl)	ret-gharī
sundial	सूरज-घड़ी (f pl)	sūraj-gharī
alarm clock	अलार्म घड़ी (f)	alārm gharī
watchmaker	घड़ीसाज़ (m)	gharīsāz
to repair (vt)	मरम्मत करना	marammat karana

Food. Nutricion

35. Food

meat	गोश्त (m)	gosht
chicken	चीकन (m)	chīkan
poussin	रॉक कोर्निश मुर्गी (f)	rok kornish murgī
duck	बतख़ (f)	battakh
goose	हंस (m)	hans
game	शिकार के पशुपक्षी (f)	shikār ke pashupakshī
turkey	टर्की (m)	tarkī
pork	सुअर का गोश्त (m)	suar ka gosht
veal	बछड़े का गोश्त (m)	bachhare ka gosht
lamb	भेड़ का गोश्त (m)	bher ka gosht
beef	गाय का गोश्त (m)	gāy ka gosht
rabbit	ख़रगोश (m)	kharagosh
sausage (bologna, etc.)	सांसेज (f)	sosej
vienna sausage (frankfurter)	वियना सांसेज (m)	viyana sosej
bacon	बेकन (m)	bekan
ham	हैम (m)	haim
gammon	सुअर की जांघ (f)	suar kī jāngh
pâté	पिसा हुआ गोश्त (m)	pisa hua gosht
liver	जिगर (f)	jigar
mince (minced meat)	कीमा (m)	kīma
tongue	जीभ (m)	jībh
egg	अंडा (m)	anda
eggs	अंडे (m pl)	ande
egg white	अंडे की सफ़ेदी (m)	ande kī safedī
egg yolk	अंडे की ज़र्दी (m)	ande kī zardī
fish	मछली (f)	machhalī
seafood	समुद्री खाना (m)	samudrī khāna
caviar	मछली के अंडे (m)	machhalī ke ande
crab	केकड़ा (m)	kekara
prawn	चिंगड़ा (m)	chingara
oyster	सीप (m)	sīp
spiny lobster	लोबस्टर (m)	lobastar
octopus	ओक्टोपस (m)	oktopas
squid	स्कीड (m)	skīd
sturgeon	स्टर्जन (f)	starjan
salmon	सालमन (m)	sālaman
halibut	हैलिबट (f)	hailibat
cod	कॉड (f)	kod
mackerel	माक्रैल (f)	mākrail

tuna	टूना (f)	tūna
eel	बाम मछली (f)	bām machhalī
trout	ट्राउट मछली (f)	traut machhalī
sardine	सारडीन (f)	sārdīn
pike	पाइक (f)	paik
herring	हेरिंग मछली (f)	hering machhalī
bread	ब्रेड (f)	bred
cheese	पनीर (m)	panīr
sugar	चीनी (f)	chīnī
salt	नमक (m)	namak
rice	चावल (m)	chāval
pasta (macaroni)	पास्ता (m)	pāsta
noodles	नूडल्स (m)	nūdals
butter	मक्खन (m)	makkhan
vegetable oil	तेल (m)	tel
sunflower oil	सूरजमुखी तेल (m)	sūrajamukhī tel
margarine	नकली मक्खन (m)	nakalī makkhan
olives	जैतून (m)	jaitūn
olive oil	जैतून का तेल (m)	jaitūn ka tel
milk	दूध (m)	dūdh
condensed milk	रबड़ी (f)	rabarī
yogurt	दही (m)	dahī
soured cream	खट्टी क्रीम (f)	khattī krīm
cream (of milk)	मलाई (f pl)	malaī
mayonnaise	मेयोनेज़ (m)	meyonez
buttercream	क्रीम (m)	krīm
groats (barley ~, etc.)	अनाज के दाने (m)	anāj ke dāne
flour	आटा (m)	āta
tinned food	डिब्बाबन्द खाना (m)	dibbāband khāna
cornflakes	कॉर्नफ्लेक्स (m)	kornafleks
honey	शहद (m)	shahad
jam	जैम (m)	jaim
chewing gum	चूइन्ग गम (m)	chūing gam

36. Drinks

water	पानी (m)	pānī
drinking water	पीने का पानी (f)	pīne ka pānī
mineral water	मिनरल वॉटर (m)	mineral votar
still (adj)	स्टिल वॉटर	stil votar
carbonated (adj)	कार्बोनेटेड	kārboneted
sparkling (adj)	स्पार्कलिंग	spārkaling
ice	बर्फ़ (m)	barf
with ice	बर्फ़ के साथ	barf ke sāth

non-alcoholic (adj)	शराब रहित	sharāb rahit
soft drink	कोल्ड ड्रिंक (f)	kold drink
refreshing drink	शीतलक ड्रिंक (f)	shītalak drink
lemonade	लेमोनेड (m)	lemoned
spirits	शराब (m pl)	sharāb
wine	वाइन (f)	vain
white wine	सफ़ेद वाइन (f)	safed vain
red wine	लाल वाइन (f)	lāl vain
liqueur	लिकर (m)	likar
champagne	शैम्पेन (f)	shaimpen
vermouth	वर्माठथ (f)	varmauth
whisky	विस्की (f)	viskī
vodka	वोडका (m)	vodaka
gin	जिन (f)	jin
cognac	कोन्याक (m)	konyāk
rum	रम (m)	ram
coffee	कॉफ़ी (f)	kofī
black coffee	काली कॉफ़ी (f)	kālī kofī
white coffee	दूध के साथ कॉफ़ी (f)	dūdh ke sāth kofī
cappuccino	कैपूचिनो (f)	kaipūchino
instant coffee	इन्सटेन्ट-काफ़ी (f)	insatent-kāfī
milk	दूध (m)	dūdh
cocktail	कॉकटेल (m)	kokatel
milkshake	मिल्कशेक (m)	milkashek
juice	रस (m)	ras
tomato juice	टमाटर का रस (m)	tamātar ka ras
orange juice	संतरे का रस (m)	santare ka ras
freshly squeezed juice	ताज़ा रस (m)	tāza ras
beer	बियर (m)	biyar
lager	हल्का बियर (m)	halka biyar
bitter	डार्क बियर (m)	dārk biyar
tea	चाय (f)	chāy
black tea	काली चाय (f)	kālī chāy
green tea	हरी चाय (f)	harī chāy

37. Vegetables

vegetables	सब्ज़ियाँ (f pl)	sabziyān
greens	हरी सब्ज़ियाँ (f)	harī sabziyān
tomato	टमाटर (m)	tamātar
cucumber	खीरा (m)	khīra
carrot	गाजर (f)	gājar
potato	आलू (m)	ālū
onion	प्याज़ (m)	pyāz
garlic	लहसुन (m)	lahasun

cabbage	पत्ता गोभी (f)	patta gobhī
cauliflower	फूल गोभी (f)	fūl gobhī
Brussels sprouts	ब्रसेल्स स्प्राउट्स (m)	brasels sprauts
broccoli	ब्रोकोली (f)	brokolī
beetroot	चुकन्दर (m)	chukandar
aubergine	बैंगन (m)	baingan
courgette	तुरई (f)	turī
pumpkin	कद्दू	kaddū
turnip	शलजम (f)	shalajam
parsley	अजमोद (f)	ajamod
dill	सोआ (m)	soa
lettuce	सलाद पत्ता (m)	salād patta
celery	सेलरी (m)	selarī
asparagus	एस्पैरेगस (m)	espairegas
spinach	पालक (m)	pālak
pea	मटर (m)	matar
beans	फली (f pl)	falī
maize	मकई (f)	makī
kidney bean	राजमा (f)	rājama
sweet paper	शिमला मिर्च (m)	shimala mirch
radish	मूली (f)	mūlī
artichoke	हाथीचक (m)	hāthīchak

38. Fruits. Nuts

fruit	फल (m)	fal
apple	सेब (m)	ceb
pear	नाशपाती (f)	nāshapātī
lemon	नींबू (m)	nīmbū
orange	संतरा (m)	santara
strawberry (garden ~)	स्ट्रॉबेरी (f)	stroberī
tangerine	नारंगी (m)	nārangī
plum	आलूबुखारा (m)	ālūbukhāra
peach	आड़ू (m)	ārū
apricot	खूबानी (f)	khūbānī
raspberry	रसभरी (f)	rasabharī
pineapple	अनानास (m)	anānās
banana	केला (m)	kela
watermelon	तरबूज (m)	tarabūz
grape	अंगूर (m)	angūr
cherry	चेरी (f)	cherī
melon	खरबूजा (f)	kharabūza
grapefruit	ग्रेपफ्रूट (m)	grepafrūt
avocado	एवोकाडो (m)	evokādo
papaya	पपीता (f)	papīta
mango	आम (m)	ām
pomegranate	अनार (m)	anār

redcurrant	लाल किशमिश (f)	lāl kishamish
blackcurrant	काली किशमिश (f)	kālī kishamish
gooseberry	आमला (f)	āmala
bilberry	बिलबेरी (f)	bilaberī
blackberry	ब्लैकबेरी (f)	blaikaberī
raisin	किशमिश (m)	kishamish
fig	अंजीर (m)	anjīr
date	खजूर (m)	khajūr
peanut	मूँगफली (m)	mūngafalī
almond	बादाम (f)	bādām
walnut	अखरोट (m)	akharot
hazelnut	हेज़लनट (m)	hezalanat
coconut	नारियल (m)	nāriyal
pistachios	पिस्ता (m)	pista

39. Bread. Sweets

bakers' confectionery (pastry)	मिठाई (f pl)	mithaī
bread	ब्रेड (f)	bred
biscuits	बिस्कुट (m)	biskut
chocolate (n)	चॉकलेट (m)	chokalet
chocolate (as adj)	चॉकलेटी	chokaletī
candy (wrapped)	टॉफ़ी (f)	tofī
cake (e.g. cupcake)	पेस्ट्री (f)	pestrī
cake (e.g. birthday ~)	केक (m)	kek
pie (e.g. apple ~)	पाई (m)	paī
filling (for cake, pie)	फ़िलिंग (f)	filing
jam (whole fruit jam)	जैम (m)	jaim
marmalade	मुरब्बा (m)	murabba
wafers	वेफ़र (m pl)	vefar
ice-cream	आईस-क्रीम (f)	āīs-krīm

40. Cooked dishes

course, dish	पकवान (m)	pakavān
cuisine	व्यंजन (m)	vyanjan
recipe	रैसीपी (f)	raisīpī
portion	भाग (m)	bhāg
salad	सलाद (m)	salād
soup	सूप (m)	sūp
clear soup (broth)	यख़नी (f)	yakhanī
sandwich (bread)	सैन्डविच (m)	saindavich
fried eggs	आमलेट (m)	āmalet
hamburger (beefburger)	हैमबर्गर (m)	haimabargar
beefsteak	बीफ़स्टीक (m)	bīfastīk

side dish	साइड डिश (f)	said dish
spaghetti	स्पेघेटी (f)	speghetī
mash	आलू भरता (f)	ālū bharata
pizza	पीट्ज़ा (f)	pītza
porridge (oatmeal, etc.)	दलिया (f)	daliya
omelette	आमलेट (m)	āmalet
boiled (e.g. ~ beef)	उबला	ubala
smoked (adj)	धुएँ में पकाया हुआ	dhuen men pakāya hua
fried (adj)	भुना	bhuna
dried (adj)	सूखा	sūkha
frozen (adj)	फ्रोज़न	frozan
pickled (adj)	अचार	achār
sweet (sugary)	मीठा	mītha
salty (adj)	नमकीन	namakīn
cold (adj)	ठंडा	thanda
hot (adj)	गरम	garam
bitter (adj)	कड़वा	karava
tasty (adj)	स्वादिष्ट	svādisht
to cook in boiling water	उबलते पानी में पकाना	ubalate pānī men pakāna
to cook (dinner)	खाना बनाना	khāna banāna
to fry (vt)	भूनना	bhūnana
to heat up (food)	गरम करना	garam karana
to salt (vt)	नमक डालना	namak dālana
to pepper (vt)	मिर्च डालना	mirch dālana
to grate (vt)	कद्दूकश करना	kaddūkash karana
peel (n)	छिलका (f)	chhilaka
to peel (vt)	छिलका निकलना	chhilaka nikalana

41. Spices

salt	नमक (m)	namak
salty (adj)	नमकीन	namakīn
to salt (vt)	नमक डालना	namak dālana
black pepper	काली मिर्च (f)	kālī mirch
red pepper (milled ~)	लाल मिर्च (m)	lāl mirch
mustard	सरसों (m)	sarason
horseradish	अरब मूली (f)	arab mūlī
condiment	मसाला (m)	masāla
spice	मसाला (m)	masāla
sauce	चटनी (f)	chatanī
vinegar	सिरका (m)	siraka
anise	सौंफ़ (f)	saumf
basil	तुलसी (f)	tulasī
cloves	लौंग (f)	laung
ginger	अदरक (m)	adarak
coriander	धनिया (m)	dhaniya
cinnamon	दालचीनी (f)	dālachīnī

sesame	तिल (m)	til
bay leaf	तेजपत्ता (m)	tejapatta
paprika	लाल शिमला मिर्च पाउडर (m)	lāl shimala mirch paudar
caraway	जीरा (m)	zīra
saffron	ज़ाफ़रान (m)	zāfarān

42. Meals

food	खाना (m)	khāna
to eat (vi, vt)	खाना खाना	khāna khāna
breakfast	नाश्ता (m)	nāshta
to have breakfast	नाश्ता करना	nāshta karana
lunch	दोपहर का भोजन (m)	dopahar ka bhojan
to have lunch	दोपहर का भोजन करना	dopahar ka bhojan karana
dinner	रात्रिभोज (m)	rātribhoj
to have dinner	रात्रिभोज करना	rātribhoj karana
appetite	भूख (f)	bhūkh
Enjoy your meal!	अपने भोजन का आनंद उठाएं!	apane bhojan ka ānand uthaen!
to open (~ a bottle)	खोलना	kholana
to spill (liquid)	गिराना	girāna
to spill out (vi)	गिराना	girāna
to boil (vi)	उबालना	ubālana
to boil (vt)	उबालना	ubālana
boiled (~ water)	उबला हुआ	ubala hua
to chill, cool down (vt)	ठंडा करना	thanda karana
to chill (vi)	ठंडा करना	thanda karana
taste, flavour	स्वाद (m)	svād
aftertaste	स्वाद (m)	svād
to slim down (lose weight)	वज़न घटाना	vazan ghatāna
diet	डाइट (m)	dait
vitamin	विटामिन (m)	vitāmin
calorie	कैलोरी (f)	kailorī
vegetarian (n)	शाकाहारी (m)	shākāhārī
vegetarian (adj)	शाकाहारी	shākāhārī
fats (nutrient)	वसा (m pl)	vasa
proteins	प्रोटीन (m pl)	protīn
carbohydrates	कार्बोहाइड्रेट (m)	kārbohaidret
slice (of lemon, ham)	टुकड़ा (m)	tukara
piece (of cake, pie)	टुकड़ा (m)	tukara
crumb (of bread, cake, etc.)	टुकड़ा (m)	tukara

43. Table setting

spoon	चम्मच (m)	chammach
knife	छुरी (f)	chhurī

fork	काँटा (m)	kānta
cup (e.g., coffee ~)	प्याला (m)	pyāla
plate (dinner ~)	तश्तरी (f)	tashtarī
saucer	सॉसर (m)	sosar
serviette	नैपकीन (m)	naipakīn
toothpick	टूथपिक (m)	tūthapik

44. Restaurant

restaurant	रेस्टरॉं (m)	restarān
coffee bar	कॉफ़ी हाउस (m)	kofī haus
pub, bar	बार (m)	bār
tearoom	चायख़ाना (m)	chāyakhāna
waiter	बैरा (m)	baira
waitress	बैरी (f)	bairī
barman	बारमैन (m)	bāramain
menu	मेनू (m)	menū
wine list	वाइन सूची (f)	vain sūchī
to book a table	मेज़ बुक करना	mez buk karana
course, dish	पकवान (m)	pakavān
to order (meal)	आर्डर देना	ārdar dena
to make an order	आर्डर देना	ārdar dena
aperitif	एपेरेतीफ़ (m)	eperetīf
starter	एपेटाइज़र (m)	epetaizar
dessert, pudding	मीठा (m)	mītha
bill	बिल (m)	bil
to pay the bill	बील का भुगतान करना	bīl ka bhugatān karana
to give change	खुले पैसे देना	khule paise dena
tip	टिप (f)	tip

Family, relatives and friends

45. Personal information. Forms

name (first name)	पहला नाम (m)	pahala nām
surname (last name)	उपनाम (m)	upanām
date of birth	जन्म-दिवस (m)	janm-divas
place of birth	मातृभूमि (f)	mātrbhūmi
nationality	नागरिकता (f)	nāgarikata
place of residence	निवास स्थान (m)	nivās sthān
country	देश (m)	desh
profession (occupation)	पेशा (m)	pesha
gender, sex	लिंग (m)	ling
height	क़द (m)	qad
weight	वज़न (m)	vazan

46. Family members. Relatives

mother	माँ (f)	mān
father	पिता (m)	pita
son	बेटा (m)	beta
daughter	बेटी (f)	betī
younger daughter	छोटी बेटी (f)	chhotī betī
younger son	छोटा बेटा (m)	chhota beta
eldest daughter	बड़ी बेटी (f)	barī betī
eldest son	बड़ा बेटा (m)	bara beta
brother	भाई (m)	bhaī
sister	बहन (f)	bahan
cousin (masc.)	चचेरा भाई (m)	chachera bhaī
cousin (fem.)	चचेरी बहन (f)	chacherī bahan
mummy	अम्मा (f)	amma
dad, daddy	पापा (m)	pāpa
parents	माँ-बाप (m pl)	mān-bāp
child	बच्चा (m)	bachcha
children	बच्चे (m pl)	bachche
grandmother	दादी (f)	dādī
grandfather	दादा (m)	dāda
grandson	पोता (m)	pota
granddaughter	पोती (f)	potī
grandchildren	पोते (m)	pote
uncle	चाचा (m)	chācha
aunt	चाची (f)	chāchī

nephew	भतीजा (m)	bhatījā
niece	भतीजी (f)	bhatījī
mother-in-law (wife's mother)	सास (f)	sās
father-in-law (husband's father)	ससुर (m)	sasur
son-in-law (daughter's husband)	दामाद (m)	dāmād
stepmother	सौतेली माँ (f)	sautelī mān
stepfather	सौतेले पिता (m)	sautele pita
infant	दूधमुँहा बच्चा (m)	dudhamunha bachcha
baby (infant)	शिशु (f)	shishu
little boy, kid	छोटा बच्चा (m)	chhota bachcha
wife	पत्नी (f)	patnī
husband	पति (m)	pati
spouse (husband)	पति (m)	pati
spouse (wife)	पत्नी (f)	patnī
married (masc.)	शादीशुदा	shādīshuda
married (fem.)	शादीशुदा	shādīshuda
single (unmarried)	अविवाहित	avivāhit
bachelor	कुँआरा (m)	kunāra
divorced (masc.)	तलाक़शुदा	talāqashuda
widow	विधवा (f)	vidhava
widower	विधुर (m)	vidhur
relative	रिश्तेदार (m)	rishtedār
close relative	सम्बंधी (m)	sambandhī
distant relative	दूर का रिश्तेदार (m)	dūr ka rishtedār
relatives	रिश्तेदार (m pl)	rishtedār
orphan (boy or girl)	अनाथ (m)	anāth
guardian (of a minor)	अभिभावक (m)	abhibhāvak
to adopt (a boy)	लड़का गोद लेना	laraka god lena
to adopt (a girl)	लड़की गोद लेना	larakī god lena

Medicine

47. Diseases

illness	बीमारी (f)	bīmārī
to be ill	बीमार होना	bīmār honā
health	सेहत (f)	sehat

runny nose (coryza)	नज़ला (m)	nazala
tonsillitis	टॉन्सिल (m)	tonsil
cold (illness)	ज़ुकाम (f)	zukām
to catch a cold	ज़ुकाम हो जाना	zukām ho jāna

bronchitis	ब्रॉन्काइटिस (m)	bronkaitis
pneumonia	निमोनिया (f)	nimoniya
flu, influenza	फ़्लू (m)	flū

shortsighted (adj)	कमबीन	kamabīn
longsighted (adj)	कमज़ोर दूरदृष्टि	kamazor dūradrshti
strabismus (crossed eyes)	तिरछी नज़र (m)	tirachhī nazar
squint-eyed (adj)	तिरछी नज़रवाला	tirachhī nazaravāla
cataract	मोतिया बिंद (m)	motiya bind
glaucoma	काला मोतिया (m)	kāla motiya

stroke	स्ट्रोक (m)	strok
heart attack	दिल का दौरा (m)	dil ka daura
myocardial infarction	मायोकार्डियल इन्फ़्राक्शन (m)	māyokārdiyal infārkshan
paralysis	लकवा (m)	lakava
to paralyse (vt)	लकवा मारना	laqava mārana

allergy	एलर्जी (f)	elarjī
asthma	दमा (f)	dama
diabetes	शूगर (f)	shūgar

toothache	दाँत दर्द (m)	dānt dard
caries	दाँत में कीड़ा (m)	dānt men kīra

diarrhoea	दस्त (m)	dast
constipation	कब्ज़ (m)	kabz
stomach upset	पेट ख़राब (m)	pet kharāb
food poisoning	ख़राब खाने से हुई बीमारी (f)	kharāb khāne se huī bīmārī
to get food poisoning	ख़राब खाने से बीमार पड़ना	kharāb khāne se bīmār parana

arthritis	गठिया (m)	gathiya
rickets	बालवक्र (m)	bālavakr
rheumatism	आमवात (m)	āmavāt
atherosclerosis	धमनीकलाकाठिन्य (m)	dhamanīkalākāthiny
gastritis	जठर-शोथ (m)	jathar-shoth
appendicitis	उण्डुक-शोथ (m)	unduk-shoth

cholecystitis	पित्ताशय (m)	pittāshay
ulcer	अल्सर (m)	alsar

measles	मीज़ल्स (m)	mīzals
rubella (German measles)	जर्मन मीज़ल्स (m)	jarman mīzals
jaundice	पीलिया (m)	pīliya
hepatitis	हेपेटाइटिस (m)	hepetaitis

schizophrenia	शीज़ोफ्रेनीय (f)	shīzofreniy
rabies (hydrophobia)	रेबीज़ (m)	rebīz
neurosis	न्यूरोसिस (m)	nyūrosis
concussion	आघात (m)	āghāt

cancer	कर्क रोग (m)	kark rog
sclerosis	काठिन्य (m)	kāthiny
multiple sclerosis	मल्टीपल स्क्लेरोसिस (m)	maltīpal sklerosis

alcoholism	शराबीपन (m)	sharābīpan
alcoholic (n)	शराबी (m)	sharābī
syphilis	सीफ़िलिस (m)	sifilis
AIDS	ऐड्स (m)	aids

tumour	ट्यूमर (m)	tyūmar
malignant (adj)	घातक	ghātak
benign (adj)	अर्बुद	arbud

fever	बुख़ार (m)	bukhār
malaria	मलेरिया (f)	maleriya
gangrene	गैन्ग्रीन (m)	gaingrīn
seasickness	जहाज़ी मतली (f)	jahāzī matalī
epilepsy	मिरगी (f)	miragī

epidemic	महामारी (f)	mahāmārī
typhus	टाइफ़स (m)	taifas
tuberculosis	टीबी (m)	tībī
cholera	हैज़ा (f)	haiza
plague (bubonic ~)	प्लेग (f)	pleg

48. Symptoms. Treatments. Part 1

symptom	लक्षण (m)	lakshan
temperature	तापमान (m)	tāpamān
high temperature (fever)	बुख़ार (f)	bukhār
pulse (heartbeat)	नब्ज़ (f)	nabz

dizziness (vertigo)	सिर का चक्कर (m)	sir ka chakkar
hot (adj)	गरम	garam
shivering	कंपकंपी (f)	kampakampī
pale (e.g. ~ face)	पीला	pīla

cough	खाँसी (f)	khānsī
to cough (vi)	खाँसना	khānsana
to sneeze (vi)	छींकना	chhīnkana
faint	बेहोशी (f)	behoshī

to faint (vi)	बेहोश होना	behosh hona
bruise (hématome)	नील (m)	nīl
bump (lump)	गुमड़ा (m)	gumara
to bang (bump)	चोट लगना	chot lagana
contusion (bruise)	चोट (f)	chot
to get a bruise	घाव लगना	ghāv lagana

to limp (vi)	लँगड़ाना	langarāna
dislocation	हड्डी खिसकना (f)	haddī khisakana
to dislocate (vt)	हड्डी खिसकना	haddī khisakana
fracture	हड्डी टूट जाना (f)	haddī tūt jāna
to have a fracture	हड्डी टूट जाना	haddī tūt jāna

cut (e.g. paper ~)	कट जाना (m)	kat jāna
to cut oneself	खुद को काट लेना	khud ko kāt lena
bleeding	रक्त-स्राव (m)	rakt-srāv

| burn (injury) | जला होना | jala hona |
| to get burned | जल जाना | jal jāna |

to prick (vt)	चुभाना	chubhāna
to prick oneself	खुद को चुभाना	khud ko chubhāna
to injure (vt)	घायल करना	ghāyal karana
injury	चोट (f)	chot
wound	घाव (m)	ghāv
trauma	चोट (f)	chot

to be delirious	बेहोशी में बड़बड़ाना	behoshī men barabadāna
to stutter (vi)	हकलाना	hakalāna
sunstroke	धूप आघात (m)	dhūp āghāt

49. Symptoms. Treatments. Part 2

| pain, ache | दर्द (f) | dard |
| splinter (in foot, etc.) | चुभ जाना (m) | chubh jāna |

sweat (perspiration)	पसीना (f)	pasīna
to sweat (perspire)	पसीना निकलना	pasīna nikalana
vomiting	वमन (m)	vaman
convulsions	दौरा (m)	daura

pregnant (adj)	गर्भवती	garbhavatī
to be born	जन्म लेना	janm lena
delivery, labour	पैदा करना (m)	paida karana
to deliver (~ a baby)	पैदा करना	paida karana
abortion	गर्भपात (m)	garbhapāt

breathing, respiration	साँस (f)	sāns
in-breath (inhalation)	साँस अंदर खींचना (f)	sāns andar khīnchana
out-breath (exhalation)	साँस बाहर छोड़ना (f)	sāns bāhar chhorana
to exhale (breathe out)	साँस बाहर छोड़ना	sāns bāhar chhorana
to inhale (vi)	साँस अंदर खींचना	sāns andar khīnchana
disabled person	अपाहिज (m)	apāhij
cripple	लूला (m)	lūla

drug addict	नशेबाज़ (m)	nashebāz
deaf (adj)	बहरा	bahara
mute (adj)	गूँगा	gūnga
deaf mute (adj)	बहरा और गूँगा	bahara aur gūnga
mad, insane (adj)	पागल	pāgal
madman (demented person)	पगला (m)	pagala
madwoman	पगली (f)	pagalī
to go insane	पागल हो जाना	pāgal ho jāna
gene	वंशाणु (m)	vanshānu
immunity	रोग प्रतिरोधक शक्ति (f)	rog pratirodhak shakti
hereditary (adj)	जन्मजात	janmajāt
congenital (adj)	पैदाइशी	paidaishī
virus	विषाणु (m)	vishānu
microbe	कीटाणु (m)	kītānu
bacterium	जीवाणु (m)	jīvānu
infection	संक्रमण (m)	sankraman

50. Symptoms. Treatments. Part 3

hospital	अस्पताल (m)	aspatāl
patient	मरीज़ (m)	marīz
diagnosis	रोग-निर्णय (m)	rog-nirnay
cure	इलाज (m)	ilāj
medical treatment	चिकित्सीय उपचार (m)	chikitsīy upachār
to get treatment	इलाज कराना	ilāj karāna
to treat (~ a patient)	इलाज करना	ilāj karana
to nurse (look after)	देखभाल करना	dekhabhāl karana
care (nursing ~)	देखभाल (f)	dekhabhāl
operation, surgery	ऑपरेशन (m)	opareshan
to bandage (head, limb)	पट्टी बाँधना	pattī bāndhana
bandaging	पट्टी (f)	pattī
vaccination	टीका (m)	tīka
to vaccinate (vt)	टीका लगाना	tīka lagāna
injection	इंजेक्शन (m)	injekshan
to give an injection	इंजेक्शन लगाना	injekshan lagāna
amputation	अंगविच्छेद (f)	angavichchhed
to amputate (vt)	अंगविच्छेद करना	angavichchhed karana
coma	कोमा (m)	koma
to be in a coma	कोमा में चले जाना	koma men chale jāna
intensive care	गहन चिकित्सा (f)	gahan chikitsa
to recover (~ from flu)	ठीक हो जाना	thīk ho jāna
condition (patient's ~)	हालत (f)	hālat
consciousness	होश (m)	hosh
memory (faculty)	याददाश्त (f)	yādadāsht
to pull out (tooth)	दाँत निकालना	dānt nikālana

filling	भराव (m)	bharāv
to fill (a tooth)	दाँत को भरना	dānt ko bharana
hypnosis	हिपनोसिस (m)	hipanosis
to hypnotize (vt)	हिपनोटाइज़ करना	hipanotaiz karana

51. Doctors

doctor	डॉक्टर (m)	doktar
nurse	नर्स (m)	nars
personal doctor	निजी डॉक्टर (m)	nijī doktar
dentist	दंत-चिकित्सक (m)	dant-chikitsak
optician	आँखों का डॉक्टर (m)	ānkhon ka doktar
general practitioner	चिकित्सक (m)	chikitsak
surgeon	शल्य-चिकित्सक (m)	shaly-chikitsak
psychiatrist	मनोरोग चिकित्सक (m)	manorog chikitsak
paediatrician	बाल-चिकित्सक (m)	bāl-chikitsak
psychologist	मनोवैज्ञानिक (m)	manovaigyānik
gynaecologist	प्रसूतिशास्री (f)	prasūtishāsrī
cardiologist	हृदय रोग विशेषज्ञ (m)	hrday rog visheshagy

52. Medicine. Drugs. Accessories

medicine, drug	दवा (f)	dava
remedy	दवाई (f)	davaī
to prescribe (vt)	नुस्ख़ा लिखना	nusakha likhana
prescription	नुस्ख़ा (m)	nusakha
tablet, pill	गोली (f)	golī
ointment	मरहम (m)	maraham
ampoule	एम्प्यूल (m)	empyūl
mixture, solution	सिरप (m)	sirap
syrup	शरबत (m)	sharabat
capsule	गोली (f)	golī
powder	चूरन (m)	chūran
gauze bandage	पट्टी (f)	pattī
cotton wool	रूई का गोला (m)	rūī ka gola
iodine	आयोडीन (m)	āyodīn
plaster	बैंड-एड (m)	baind-ed
eyedropper	आई-ड्रॉपर (m)	āī-dropar
thermometer	थरमामीटर (m)	tharamāmītar
syringe	इंजेक्शन (m)	injekshan
wheelchair	व्हीलचेयर (f)	vhīlacheyar
crutches	बैसाखी (m pl)	baisākhī
painkiller	दर्द-निवारक (f)	dard-nivārak
laxative	जुलाब की गोली (f)	julāb kī golī

spirits (ethanol)	स्पिरिट (m)	spirit
medicinal herbs	जड़ी-बूटी (f)	jarī-būtī
herbal (~ tea)	जड़ी-बूटियों से बना	jarī-būtiyon se bana

HUMAN HABITAT

City

53. City. Life in the city

city, town	नगर (m)	nagar
capital city	राजधानी (f)	rājadhānī
village	गांव (m)	gānv
city map	नगर का नक्शा (m)	nagar ka naksha
city centre	नगर का केन्द्र (m)	nagar ka kendr
suburb	उपनगर (m)	upanagar
suburban (adj)	उपनगरिक	upanagarik
outskirts	बाहरी इलाका (m)	bāharī ilāka
environs (suburbs)	इर्दगिर्द के इलाके (m pl)	irdagird ke ilāke
city block	सेक्टर (m)	sektar
residential block (area)	मुहल्ला (m)	muhalla
traffic	यातायात (f)	yātāyāt
traffic lights	यातायात सिग्नल (m)	yātāyāt signal
public transport	जन परिवहन (m)	jan parivahan
crossroads	चौराहा (m)	chaurāha
zebra crossing	ज़ेबरा क्रॉसिंग (f)	zebara krosing
pedestrian subway	पैदल यात्रियों के लिए अंडरपास (f)	paidal yātriyon ke lie andarapās
to cross (~ the street)	सड़क पार करना	sarak pār karana
pedestrian	पैदल-यात्री (m)	paidal-yātrī
pavement	फुटपाथ (m)	futapāth
bridge	पुल (m)	pul
embankment (river walk)	तट (m)	tat
fountain	फौवारा (m)	fauvāra
allée (garden walkway)	छायापथ (f)	chhāyāpath
park	पार्क (m)	pārk
boulevard	चौड़ी सड़क (m)	chaurī sarak
square	मैदान (m)	maidān
avenue (wide street)	मार्ग (m)	mārg
street	सड़क (f)	sarak
side street	गली (f)	galī
dead end	बंद गली (f)	band galī
house	मकान (m)	makān
building	इमारत (f)	imārat
skyscraper	गगनचुंबी भवन (f)	gaganachumbī bhavan
facade	अगवाड़ा (m)	agavāra

roof	छत (f)	chhat
window	खिड़की (f)	khirakī
arch	मेहराब (m)	meharāb
column	स्तंभ (m)	stambh
corner	कोना (m)	kona
shop window	दुकान का शो-केस (m)	dukān ka sho-kes
signboard (store sign, etc.)	साइनबोर्ड (m)	saīnabord
poster (e.g., playbill)	पोस्टर (m)	postar
advertising poster	विज्ञापन पोस्टर (m)	vigyāpan postar
hoarding	बिलबोर्ड (m)	bilabord
rubbish	कूड़ा (m)	kūra
rubbish bin	कूड़े का डिब्बा (m)	kūre ka dibba
to litter (vi)	कूड़ा-करकट डालना	kūra-karkat dālana
rubbish dump	डम्पिंग ग्राउंड (m)	damping graund
telephone box	फ़ोन बूथ (m)	fon būth
lamppost	बिजली का खंभा (m)	bijalī ka khambha
bench (park ~)	पार्क-बेंच (f)	pārk-bench
police officer	पुलिसवाला (m)	pulisavāla
police	पुलिस (m)	pulis
beggar	भिखारी (m)	bhikhārī
homeless (n)	बेघर (m)	beghar

54. Urban institutions

shop	दुकान (f)	dukān
chemist, pharmacy	दवाख़ाना (m)	davākhāna
optician (spectacles shop)	चश्मे की दुकान (f)	chashme kī dukān
shopping centre	शॉपिंग मॉल (m)	shoping mol
supermarket	सुपर बाज़ार (m)	supar bāzār
bakery	बेकरी (f)	bekarī
baker	बेकर (m)	bekar
cake shop	टॉफ़ी की दुकान (f)	tofī kī dukān
grocery shop	परचून की दुकान (f)	parachūn kī dukān
butcher shop	गोश्त की दुकान (f)	gosht kī dukān
greengrocer	सब्ज़ियों की दुकान (f)	sabziyon kī dukān
market	बाज़ार (m)	bāzār
coffee bar	काफ़ी हाउस (m)	kāfī haus
restaurant	रेस्टराँ (m)	restarān
pub, bar	शराबख़ाना (m)	sharābakhāna
pizzeria	पिट्ज़ा की दुकान (f)	pitza kī dukān
hairdresser	नाई की दुकान (f)	naī kī dukān
post office	डाकघर (m)	dākaghar
dry cleaners	ड्राइक्लीनर (m)	draiklīnar
photo studio	फ़ोटो की दुकान (f)	foto kī dukān
shoe shop	जूते की दुकान (f)	jūte kī dukān
bookshop	किताबों की दुकान (f)	kitābon kī dukān

sports shop	खेलकूद की दुकान (f)	khelakūd kī dukān
clothes repair shop	कपड़ों की मरम्मत की दुकान (f)	kaparon kī marammat kī dukān
formal wear hire	कपड़ों को किराए पर देने की दुकान (f)	kaparon ko kirae par dene kī dukān
video rental shop	वीडियो रेन्टल दुकान (f)	vīdiyo rental dukān
circus	सर्कस (m)	sarkas
zoo	चिड़ियाघर (m)	chiriyāghar
cinema	सिनेमाघर (m)	sinemāghar
museum	संग्रहालय (m)	sangrahālay
library	पुस्तकालय (m)	pustakālay
theatre	रंगमंच (m)	rangamanch
opera (opera house)	ओपेरा (m)	opera
nightclub	नाईट क्लब (m)	naīt klab
casino	केसिनो (m)	kesino
mosque	मस्जिद (m)	masjid
synagogue	सीनागोग (m)	sīnāgog
cathedral	गिरजाघर (m)	girajāghar
temple	मंदिर (m)	mandir
church	गिरजाघर (m)	girajāghar
college	कॉलेज (m)	kolej
university	विश्वविद्यालय (m)	vishvavidyālay
school	विद्यालय (m)	vidyālay
prefecture	प्रशासक प्रान्त (m)	prashāsak prānt
town hall	सिटी हॉल (m)	sitī hol
hotel	होटल (f)	hotal
bank	बैंक (m)	baink
embassy	दूतावास (m)	dūtāvas
travel agency	पर्यटन ऑफ़िस (m)	paryatan āfis
information office	पूछताछ कार्यालय (m)	pūchhatāchh kāryālay
currency exchange	मुद्रालय (m)	mudrālay
underground, tube	मेट्रो (m)	metro
hospital	अस्पताल (m)	aspatāl
petrol station	पेट्रोल पम्प (f)	petrol pamp
car park	पार्किंग (f)	pārking

55. Signs

signboard (store sign, etc.)	साईनबोर्ड (m)	saīnabord
notice (door sign, etc.)	दुकान का साईन (m)	dukān ka saīn
poster	पोस्टर (m)	postar
direction sign	दिशा संकेतक (m)	disha sanketak
arrow (sign)	तीर दिशा संकेतक (m)	tīr disha sanketak
caution	चेतावनी (f)	chetāvanī
warning sign	चेतावनी संकेतक (m)	chetāvanī sanketak

to warn (vt)	चेतावनी देना	chetāvanī dena
rest day (weekly ~)	छुट्टी का दिन (m)	chhuttī ka din
timetable (schedule)	समय सारणी (f)	samay sāraṇī
opening hours	खुलने का समय (m)	khulane ka samay
WELCOME!	आपका स्वागत है!	āpaka svāgat hai!
ENTRANCE	प्रवेश	pravesh
WAY OUT	निकास	nikās
PUSH	धक्का दें	dhakka den
PULL	खींचे	khīnche
OPEN	खुला	khula
CLOSED	बंद	band
WOMEN	औरतों के लिये	auraton ke liye
MEN	आदमियों के लिये	ādamiyon ke liye
DISCOUNTS	डिस्काउन्ट	diskaunt
SALE	सेल	sel
NEW!	नया!	naya!
FREE	मुफ्त	muft
ATTENTION!	ध्यान दें!	dhyān den!
NO VACANCIES	कोई जगह खाली नहीं है	koī jagah khālī nahin hai
RESERVED	रिज़र्वड	rizarvad
ADMINISTRATION	प्रशासन	prashāsan
STAFF ONLY	केवल कर्मचारियों के लिए	keval karmachāriyon ke lie
BEWARE OF THE DOG!	कुत्ते से सावधान!	kutte se sāvadhān!
NO SMOKING	धूम्रपान निषेध!	dhumrapān nishedh!
DO NOT TOUCH!	छूना मना!	chhūna mana!
DANGEROUS	खतरा	khatara
DANGER	खतरा	khatara
HIGH VOLTAGE	उच्च वोल्टेज	uchch voltej
NO SWIMMING!	तैरना मना!	tairana mana!
OUT OF ORDER	ख़राब	kharāb
FLAMMABLE	ज्वलनशील	jvalanashīl
FORBIDDEN	निषिद्ध	nishiddh
NO TRESPASSING!	प्रवेश निषेध!	pravesh nishedh!
WET PAINT	गीला पेंट	gīla pent

56. Urban transport

bus, coach	बस (f)	bas
tram	ट्राम (m)	traim
trolleybus	ट्रॉलीबस (f)	trolības
route (bus ~)	मार्ग (m)	mārg
number (e.g. bus ~)	नम्बर (m)	nambar
to go by ...	के माध्यम से जाना	ke mādhyam se jāna
to get on (~ the bus)	सवार होना	savār hona

to get off ...	उतरना	utarana
stop (e.g. bus ~)	बस स्टॉप (m)	bas stop
next stop	अगला स्टॉप (m)	agala stop
terminus	अंतिम स्टेशन (m)	antim steshan
timetable	समय सारणी (f)	samay sāraṇī
to wait (vt)	इंतज़ार करना	intazār karana
ticket	टिकट (m)	tikat
fare	टिकट का किराया (m)	tikat ka kirāya
cashier (ticket seller)	कैशियर (m)	kaishiyar
ticket inspection	टिकट जाँच (f)	tikat jānch
ticket inspector	कंडक्टर (m)	kandaktar
to be late (for ...)	देर हो जाना	der ho jāna
to miss (~ the train, etc.)	छूट जाना	chhūt jāna
to be in a hurry	जल्दी में रहना	jaldī men rahana
taxi, cab	टैक्सी (m)	taiksī
taxi driver	टैक्सीवाला (m)	taiksīvāla
by taxi	टैक्सी से (m)	taiksī se
taxi rank	टैक्सी स्टैंड (m)	taiksī staind
to call a taxi	टैक्सी बुलाना	taiksī bulāna
to take a taxi	टैक्सी लेना	taiksī lena
traffic	यातायात (f)	yātāyāt
traffic jam	ट्रैफ़िक जाम (m)	traifik jām
rush hour	भीड़ का समय (m)	bhīr ka samay
to park (vi)	पार्क करना	pārk karana
to park (vt)	पार्क करना	pārk karana
car park	पार्किंग (f)	pārking
underground, tube	मेट्रो (m)	metro
station	स्टेशन (m)	steshan
to take the tube	मेट्रो लेना	metro lena
train	रेलगाड़ी, ट्रेन (f)	relagāṛī, tren
train station	स्टेशन (m)	steshan

57. Sightseeing

monument	स्मारक (m)	smārak
fortress	किला (m)	kila
palace	भवन (m)	bhavan
castle	महल (m)	mahal
tower	मीनार (m)	mīnār
mausoleum	समाधि (f)	samādhi
architecture	वस्तुशाला (m)	vastushāla
medieval (adj)	मध्ययुगीय	madhayayugīy
ancient (adj)	प्राचीन	prāchīn
national (adj)	राष्ट्रीय	rāshtrīy
famous (monument, etc.)	मशहूर	mashhūr
tourist	पर्यटक (m)	paryatak
guide (person)	गाइड (m)	gaid

excursion, sightseeing tour	पर्यटन यात्रा (m)	paryatan yātra
to show (vt)	दिखाना	dikhāna
to tell (vt)	बताना	batāna
to find (vt)	ढूँढना	dhūnrhana
to get lost (lose one's way)	खो जाना	kho jāna
map (e.g. underground ~)	नक्शा (m)	naksha
map (e.g. city ~)	नक्शा (m)	naksha
souvenir, gift	यादगार (m)	yādagār
gift shop	गिफ्ट शॉप (f)	gift shop
to take pictures	फोटो खींचना	foto khīnchana
to have one's picture taken	अपना फ़ोटो खिंचवाना	apana foto khinchavāna

58. Shopping

to buy (purchase)	खरीदना	kharīdana
shopping	खरीदारी (f)	kharīdārī
to go shopping	खरीदारी करने जाना	kharīdārī karane jāna
shopping	खरीदारी (f)	kharīdārī
to be open (ab. shop)	खुला होना	khula hona
to be closed	बन्द होना	band hona
footwear, shoes	जूता (m)	jūta
clothes, clothing	पोशाक (m)	poshāk
cosmetics	श्रृंगार-सामग्री (f)	shrrngār-sāmagrī
food products	खाने-पीने की चीज़ें (f pl)	khāne-pīne kī chīzen
gift, present	उपहार (m)	upahār
shop assistant (masc.)	बेचनेवाला (m)	bechanevāla
shop assistant (fem.)	बेचनेवाली (f)	bechanevālī
cash desk	कैश-काउन्टर (m)	kaish-kauntar
mirror	आईना (m)	āīna
counter (shop ~)	काउन्टर (m)	kauntar
fitting room	ट्राई करने का कमरा (m)	traī karane ka kamara
to try on	ट्राई करना	traī karana
to fit (ab. dress, etc.)	फिटिंग करना	fiting karana
to fancy (vt)	पसंद करना	pasand karana
price	दाम (m)	dām
price tag	प्राइस टैग (m)	prais taig
to cost (vt)	दाम होना	dām hona
How much?	कितना?	kitana?
discount	डिस्काउन्ट (m)	diskaunt
inexpensive (adj)	सस्ता	sasta
cheap (adj)	सस्ता	sasta
expensive (adj)	महंगा	mahanga
It's expensive	यह महंगा है	yah mahanga hai
hire (n)	रेन्टल (m)	rental
to hire (~ a dinner jacket)	किराए पर लेना	kirae par lena

| credit (trade credit) | क्रेडिट (m) | kredit |
| on credit (adv) | क्रेडिट पर | kredit par |

59. Money

money	पैसा (m pl)	paisa
currency exchange	मुद्रा विनिमय (m)	mudra vinimay
exchange rate	विनिमय दर (m)	vinimay dar
cashpoint	एटीएम (m)	eṭīem
coin	सिक्का (m)	sikka

| dollar | डॉलर (m) | dolar |
| euro | यूरो (m) | yūro |

lira	लीरा (f)	līra
Deutschmark	डचमार्क (m)	dachamārk
franc	फ्रांक (m)	frānk
pound sterling	पाउन्ड स्टरलिंग (m)	paund staraling
yen	येन (m)	yen

debt	कर्ज़ (m)	karz
debtor	कर्ज़दार (m)	qarzadār
to lend (money)	कर्ज़ देना	karz dena
to borrow (vi, vt)	कर्ज़ लेना	karz lena

bank	बैंक (m)	baink
account	बैंक खाता (m)	baink khāta
to deposit into the account	बैंक खाते में जमा करना	baink khāte men jama karana
to withdraw (vt)	खाते से पैसे निकालना	khāte se paise nikālana

credit card	क्रेडिट कार्ड (m)	kredit kārd
cash	कैश (m pl)	kaish
cheque	चेक (m)	chek
to write a cheque	चेक लिखना	chek likhana
chequebook	चेकबुक (f)	chekabuk

wallet	बटुआ (m)	batua
purse	बटुआ (m)	batua
safe	लॉकर (m)	lokar

heir	उत्तराधिकारी (m)	uttarādhikārī
inheritance	उत्तराधिकार (m)	uttarādhikār
fortune (wealth)	संपत्ति (f)	sampatti

lease	किराये पर देना (m)	kirāye par dena
rent (money)	किराया (m)	kirāya
to rent (sth from sb)	किराए पर लेना	kirae par lena

price	दाम (m)	dām
cost	कीमत (f)	kīmat
sum	रक़म (m)	raqam

| to spend (vt) | खर्च करना | kharch karana |
| expenses | खर्च (m pl) | kharch |

to economize (vi, vt)	बचत करना	bachat karana
economical	किफ़ायती	kifāyatī
to pay (vi, vt)	दाम चुकाना	dām chukāna
payment	भुगतान (m)	bhugatān
change (give the ~)	चिल्लर (m)	chillar
tax	टैक्स (m)	taiks
fine	जुर्माना (m)	jurmāna
to fine (vt)	जुर्माना लगाना	jurmāna lagāna

60. Post. Postal service

post office	डाकघर (m)	dākaghar
post (letters, etc.)	डाक (m)	dāk
postman	डाकिया (m)	dākiya
opening hours	खुलने का समय (m)	khulane ka samay
letter	पत्र (m)	patr
registered letter	रजिस्टरी पत्र (m)	rajistarī patr
postcard	पोस्ट कार्ड (m)	post kārd
telegram	तार (m)	tār
parcel	पार्सल (f)	pārsal
money transfer	मनी ट्रांसफर (m)	manī trānsafar
to receive (vt)	पाना	pāna
to send (vt)	भेजना	bhejana
sending	भेज (m)	bhej
address	पता (m)	pata
postcode	पिन कोड (m)	pin kod
sender	भेजनेवाला (m)	bhejanevāla
receiver	पानेवाला (m)	pānevāla
name (first name)	पहला नाम (m)	pahala nām
surname (last name)	उपनाम (m)	upanām
postage rate	डाक दर (m)	dāk dar
standard (adj)	मानक	mānak
economical (adj)	किफ़ायती	kifāyatī
weight	वज़न (m)	vazan
to weigh (~ letters)	तोलना	tolana
envelope	लिफ़ाफ़ा (m)	lifāfa
postage stamp	डाक टिकट (m)	dāk tikat
to stamp an envelope	डाक टिकट लगाना	dāk tikat lagāna

Dwelling. House. Home

61. House. Electricity

electricity	बिजली (f)	bijalī
light bulb	बल्ब (m)	balb
switch	स्विच (m)	svich
fuse (plug fuse)	फ्यूज़ बटन (m)	fyūz batan
cable, wire (electric ~)	तार (m)	tār
wiring	तार (m)	tār
electricity meter	बिजली का मीटर (m)	bijalī ka mītar
readings	मीटर रीडिंग (f)	mītar rīding

62. Villa. Mansion

country house	गाँव का मकान (m)	gānv ka makān
country-villa	बंगला (m)	bangala
wing (~ of a building)	खंड (m)	khand
garden	बाग़ (m)	bāg
park	पार्क (m)	pārk
conservatory (greenhouse)	ग्रीनहाउस (m)	grīnahaus
to look after (garden, etc.)	देखभाल करना	dekhabhāl karana
swimming pool	तरण-ताल (m)	taran-tāl
gym (home gym)	व्यायाम कक्ष (m)	vyāyām kaksh
tennis court	टेनिस-कोर्ट (m)	tenis-kort
home theater (room)	सिनेमाघर (m)	sinemāghar
garage	गराज (m)	garāj
private property	नीजी सम्पत्ति (f)	nījī sampatti
private land	नीजी ज़मीन (f)	nījī zamīn
warning (caution)	चेतावनी (f)	chetāvanī
warning sign	चेतावनी संकेत (m)	chetāvanī sanket
security	सुरक्षा (f)	suraksha
security guard	पहरेदार (m)	paharedār
burglar alarm	चोर घंटी (f)	chor ghantī

63. Flat

flat	फ़्लैट (f)	flait
room	कमरा (m)	kamara
bedroom	सोने का कमरा (m)	sone ka kamara

T&P Books. Theme-based dictionary British English-Hindi - 5000 words

dining room	खाने का कमरा (m)	khāne ka kamara
living room	बैठक (f)	baithak
study (home office)	घरेलू कार्यालय (m)	gharelū kāryālay
entry room	प्रवेश कक्ष (m)	pravesh kaksh
bathroom	स्नानघर (m)	snānaghar
water closet	शौचालय (m)	shauchālay
ceiling	छत (f)	chhat
floor	फ़र्श (m)	farsh
corner	कोना (m)	kona

64. Furniture. Interior

furniture	फ़र्निचर (m)	farnichar
table	मेज़ (f)	mez
chair	कुर्सी (f)	kursī
bed	पलंग (m)	palang
sofa, settee	सोफ़ा (m)	sofa
armchair	हत्थे वाली कुर्सी (f)	hatthe vālī kursī
bookcase	किताबों की अलमारी (f)	kitābon kī alamārī
shelf	शेल्फ़ (f)	shelf
wardrobe	कपड़ों की अलमारी (f)	kaparon kī alamārī
coat rack (wall-mounted ~)	खूँटी (f)	khūntī
coat stand	खूँटी (f)	khūntī
chest of drawers	कपड़ों की अलमारी (f)	kaparon kī alamārī
coffee table	कॉफ़ी की मेज़ (f)	kofī kī mez
mirror	आईना (m)	āina
carpet	कालीन (m)	kālīn
small carpet	दरी (f)	darī
fireplace	चिमनी (f)	chimanī
candle	मोमबत्ती (f)	momabattī
candlestick	मोमबत्तीदान (m)	momabattīdān
drapes	परदे (m pl)	parade
wallpaper	वॉल पेपर (m)	vol pepar
blinds (jalousie)	जेलुज़ी (f pl)	jeluzī
table lamp	मेज़ का लैम्प (m)	mez ka laimp
wall lamp (sconce)	दिवार का लैम्प (m)	divār ka laimp
standard lamp	फ़र्श का लैम्प (m)	farsh ka laimp
chandelier	झूमर (m)	jhūmar
leg (of a chair, table)	पाँव (m)	pānv
armrest	कुर्सी का हत्था (m)	kursī ka hattha
back (backrest)	कुर्सी की पीठ (f)	kursī kī pīth
drawer	दराज़ (m)	darāz

65. Bedding

bedclothes	बिस्तर के कपड़े (m)	bistar ke kapare
pillow	तकिया (m)	takiya
pillowslip	ग़िलाफ़ (m)	gilāf
duvet	रज़ाई (f)	razāī
sheet	चादर (f)	chādar
bedspread	चादर (f)	chādar

66. Kitchen

kitchen	रसोईघर (m)	rasoīghar
gas	गैस (m)	gais
gas cooker	गैस का चूल्हा (m)	gais ka chūlha
electric cooker	बिजली का चूल्हा (m)	bijalī ka chūlha
oven	ओवन (m)	ovan
microwave oven	माइक्रोवेव ओवन (m)	maikrovev ovan
refrigerator	फ़्रिज (m)	frij
freezer	फ़्रीजर (m)	frījar
dishwasher	डिशवॉशर (m)	dishavoshar
mincer	कीमा बनाने की मशीन (f)	kīma banāne kī mashīn
juicer	जूसर (m)	jūsar
toaster	टोस्टर (m)	tostar
mixer	मिक्सर (m)	miksar
coffee machine	कॉफ़ी मशीन (f)	kofī mashīn
coffee pot	कॉफ़ी पॉट (m)	kofī pot
coffee grinder	कॉफ़ी पीसने की मशीन (f)	kofī pīsane kī mashīn
kettle	केतली (f)	ketalī
teapot	चायदानी (f)	chāyadānī
lid	ढक्कन (m)	dhakkan
tea strainer	छलनी (f)	chhalanī
spoon	चम्मच (m)	chammach
teaspoon	चम्मच (m)	chammach
soup spoon	चम्मच (m)	chammach
fork	काँटा (m)	kānta
knife	छुरी (f)	chhurī
tableware (dishes)	बरतन (m)	baratan
plate (dinner ~)	तश्तरी (f)	tashtarī
saucer	तश्तरी (f)	tashtarī
shot glass	जाम (m)	jām
glass (tumbler)	गिलास (m)	gilās
cup	प्याला (m)	pyāla
sugar bowl	चीनीदानी (f)	chīnīdānī
salt cellar	नमकदानी (m)	namakadānī
pepper pot	मिर्चदानी (f)	mirchadānī

butter dish	मक्खनदानी (f)	makkhanadānī
stock pot (soup pot)	सॉसपैन (m)	sosapain
frying pan (skillet)	फ़्राइ पैन (f)	frai pain
ladle	डोई (f)	doī
colander	कालेन्डर (m)	kālendar
tray (serving ~)	थाली (m)	thālī
bottle	बोतल (f)	botal
jar (glass)	शीशी (f)	shīshī
tin (can)	डिब्बा (m)	dibba
bottle opener	बोतल ओपनर (m)	botal opanar
tin opener	ओपनर (m)	opanar
corkscrew	पेंचकस (m)	penchakas
filter	फ़िल्टर (m)	filtar
to filter (vt)	फ़िल्टर करना	filtar karana
waste (food ~, etc.)	कूड़ा (m)	kūra
waste bin (kitchen ~)	कूड़े की बाल्टी (f)	kūre kī bāltī

67. Bathroom

bathroom	स्नानघर (m)	snānaghar
water	पानी (m)	pānī
tap	नल (m)	nal
hot water	गरम पानी (m)	garam pānī
cold water	ठंडा पानी (m)	thanda pānī
toothpaste	टूथपेस्ट (m)	tūthapest
to clean one's teeth	दांत ब्रश करना	dānt brash karana
to shave (vi)	शेव करना	shev karana
shaving foam	शेविंग फ़ोम (m)	sheving fom
razor	रेज़र (f)	rezar
to wash (one's hands, etc.)	धोना	dhona
to have a bath	नहाना	nahāna
shower	शावर (m)	shāvar
to have a shower	शावर लेना	shāvar lena
bath	बाथटब (m)	bāthatab
toilet (toilet bowl)	संडास (m)	sandās
sink (washbasin)	सिंक (m)	sink
soap	साबुन (m)	sābun
soap dish	साबुनदानी (f)	sābunadānī
sponge	स्पंज (f)	spanj
shampoo	शैम्पू (m)	shaimpū
towel	तौलिया (f)	tauliya
bathrobe	चोगा (m)	choga
laundry (laundering)	धुलाई (f)	dhulaī
washing machine	वॉशिंग मशीन (f)	voshing mashīn

to do the laundry	कपड़े धोना	kapare dhona
washing powder	कपड़े धोने का पाउडर (m)	kapare dhone ka paudar

68. Household appliances

TV, telly	टीवी सेट (m)	tīvī set
tape recorder	टेप रिकार्डर (m)	tep rikārdar
video	वीडियो टेप रिकार्डर (m)	vīdiyo tep rikārdar
radio	रेडियो (m)	rediyo
player (CD, MP3, etc.)	प्लेयर (m)	pleyar
video projector	वीडियो प्रोजेक्टर (m)	vīdiyo projektar
home cinema	होम थीएटर (m)	hom thīetar
DVD player	डीवीडी प्लेयर (m)	dīvīdī pleyar
amplifier	ध्वनि-विस्तारक (m)	dhvani-vistārak
video game console	वीडियो गेम कन्सोल (m)	vīdiyo gem kansol
video camera	वीडियो कैमरा (m)	vīdiyo kaimara
camera (photo)	कैमरा (m)	kaimara
digital camera	डीजिटल कैमरा (m)	dījital kaimara
vacuum cleaner	वैक्यूम क्लीनर (m)	vaikyūm klīnar
iron (e.g. steam ~)	इस्तरी (f)	istarī
ironing board	इस्तरी तख्ता (m)	istarī takhta
telephone	टेलीफ़ोन (m)	telīfon
mobile phone	मोबाइल फ़ोन (m)	mobail fon
typewriter	टाइपराइटर (m)	taiparaitar
sewing machine	सिलाई मशीन (f)	silaī mashīn
microphone	माइक्रोफ़ोन (m)	maikrofon
headphones	हैड्फ़ोन (m pl)	hairafon
remote control (TV)	रिमोट (m)	rimot
CD, compact disc	सीडी (m)	sīdī
cassette, tape	कैसेट (f)	kaiset
vinyl record	रिकार्ड (m)	rikārd

HUMAN ACTIVITIES

Job. Business. Part 1

69. Office. Working in the office

office (company ~)	कार्यालय (m)	kāryālay
office (director's ~)	कार्यालय (m)	kāryālay
reception desk	रिसेप्शन (m)	risepshan
secretary (fem.)	सेक्रटरी (f)	sekratarī
director	निदेशक (m)	nideshak
manager	मैनेजर (m)	mainejar
accountant	लेखापाल (m)	lekhāpāl
employee	कर्मचारी (m)	karmachārī
furniture	फ़र्निचर (m)	farnichar
desk	मेज़ (f)	mez
desk chair	कुर्सी (f)	kursī
drawer unit	साइड टेबल (f)	said tebal
coat stand	खूँटी (f)	khūṇṭī
computer	कंप्यूटर (m)	kampyūtar
printer	प्रिन्टर (m)	printar
fax machine	फ़ैक्स मशीन (f)	faiks mashīn
photocopier	ज़ीरोक्स (m)	zīroks
paper	काग़ज़ (m)	kāgaz
office supplies	स्टेशनरी (m pl)	steshanarī
mouse mat	माउस पैड (m)	maus paid
sheet of paper	पन्ना (m)	panna
binder	बाइन्डर (m)	baindar
catalogue	कैटेलॉग (m)	kaitelog
phone directory	डाइरेक्टरी (f)	dairektarī
documentation	दस्तावेज़ (m)	dastāvez
brochure (e.g. 12 pages ~)	पुस्तिका (f)	pustika
leaflet (promotional ~)	पर्चा (m)	parcha
sample	नमूना (m)	namūna
training meeting	प्रशिक्षण बैठक (f)	prashikshan baithak
meeting (of managers)	बैठक (f)	baithak
lunch time	मध्यान्तर (m)	madhyāntar
to make a copy	कॉपी करना	kopī karana
to make multiple copies	ज़ीरोक्स करना	zīroks karana
to receive a fax	फ़ैक्स मिलना	faiks milana
to send a fax	फ़ैक्स भेजना	faiks bhejana
to call (by phone)	फ़ोन करना	fon karana

to answer (vt)	जवाब देना	javāb dena
to put through	फ़ोन ट्रांस्फ़र करना	fon trānsfar karana
to arrange, to set up	व्यवस्थित करना	vyavasthit karana
to demonstrate (vt)	प्रदर्शित करना	pradarshit karana
to be absent	अनुपस्थित होना	anupasthit hona
absence	अनुपस्थिती (f)	anupasthitī

70. Business processes. Part 1

occupation	पेशा (m)	pesha
firm	कम्पनी (f)	kampanī
company	कम्पनी (f)	kampanī
corporation	निगम (m)	nigam
enterprise	उद्योग (m)	udyog
agency	एजेंसी (f)	ejensī
agreement (contract)	समझौता (f)	samajhauta
contract	ठेका (m)	theka
deal	सौदा (f)	sauda
order (to place an ~)	आर्डर (m)	ārdar
terms (of the contract)	शर्तें (f)	sharten
wholesale (adv)	थोक	thok
wholesale (adj)	थोक	thok
wholesale (n)	थोक (m)	thok
retail (adj)	खुदरा	khudara
retail (n)	खुदरा (m)	khudara
competitor	प्रतियोगी (m)	pratiyogī
competition	प्रतियोगिता (f)	pratiyogita
to compete (vi)	प्रतियोगिता करना	pratiyogita karana
partner (associate)	सहयोगी (f)	sahayogī
partnership	साझेदारी (f)	sājhedārī
crisis	संकट (m)	sankat
bankruptcy	दिवाला (m)	divāla
to go bankrupt	दिवालिया हो जाना	divāliya ho jāna
difficulty	कठिनाई (f)	kathinaī
problem	समस्या (f)	samasya
catastrophe	दुर्घटना (f)	durghatana
economy	अर्थशास्त्र (f)	arthashāstr
economic (~ growth)	आर्थिक	ārthik
economic recession	आर्थिक गिरावट (f)	arthik girāvat
goal (aim)	लक्ष्य (m)	lakshy
task	कार्य (m)	kāry
to trade (vi)	व्यापार करना	vyāpār karana
network (distribution ~)	जाल (m)	jāl
inventory (stock)	गोदाम (m)	godām
range (assortment)	किस्म (m)	kism

leader (leading company)	लीडर (m)	līdar
large (~ company)	विशाल	vishāl
monopoly	एकाधिकार (m)	ekādhikār
theory	सिद्धांत (f)	siddhānt
practice	व्यवहार (f)	vyavahār
experience (in my ~)	अनुभव (m)	anubhav
trend (tendency)	प्रवृत्ति (f)	pravrtti
development	विकास (m)	vikās

71. Business processes. Part 2

profit (foregone ~)	लाभ (f)	lābh
profitable (~ deal)	फ़ायदेमन्द	fāyademand
delegation (group)	प्रतिनिधिमंडल (f)	pratinidhimandal
salary	आय (f)	āy
to correct (an error)	ठीक करना	thīk karana
business trip	व्यापारिक यात्रा (f)	vyāpārik yātra
commission	आयोग (f)	āyog
to control (vt)	जांचना	jānchana
conference	सम्मेलन (m)	sammelan
licence	अनुज्ञप्ति (f)	anugyapti
reliable (~ partner)	विश्वसनीय	vishvasanīy
initiative (undertaking)	पहल (f)	pahal
norm (standard)	मानक (m)	mānak
circumstance	परिस्थिति (f)	paristhiti
duty (of an employee)	कर्तव्य (m)	kartavy
organization (company)	संगठन (f)	sangathan
organization (process)	आयोजन (m)	āyojan
organized (adj)	आयोजित	āyojit
cancellation	निरस्तीकरण (m)	nirastīkaran
to cancel (call off)	रद्द करना	radd karana
report (official ~)	रिपोर्ट (m)	riport
patent	पेटेंट (m)	petent
to patent (obtain patent)	पेटेंट करना	petent karana
to plan (vt)	योजना बनाना	yojana banāna
bonus (money)	बोनस (m)	bonas
professional (adj)	पेशेवर	peshevar
procedure	प्रक्रिया (f)	prakriya
to examine (contract, etc.)	विचार करना	vichār karana
calculation	हिसाब (m)	hisāb
reputation	प्रतिष्ठा (f)	pratishtha
risk	जोखिम (m)	jokhim
to manage, to run	प्रबंध करना	prabandh karana
information (report)	सूचना (f)	sūchana
property	जायदाद (f)	jāyadād

union	संघ (m)	sangh
life insurance	जीवन-बीमा (m)	jīvan-bīma
to insure (vt)	बीमा करना	bīma karana
insurance	बीमा (m)	bīma
auction (~ sale)	नीलामी (m pl)	nīlāmī
to notify (inform)	जानकारी देना	jānakārī dena
management (process)	प्रबंधन (m)	prabandhan
service (~ industry)	सेवा (f)	seva
forum	मंच (m)	manch
to function (vi)	कार्य करना	kāry karana
stage (phase)	चरण (m)	charan
legal (~ services)	कानूनी	kānūnī
lawyer (legal advisor)	वकील (m)	vakīl

72. Production. Works

plant	कारख़ाना (m)	kārakhāna
factory	कारख़ाना (m)	kārakhāna
workshop	वर्कशाप (m)	varkashāp
works, production site	उत्पादन स्थल (m)	utpādan sthal
industry (manufacturing)	उद्योग (m)	udyog
industrial (adj)	औद्योगिक	audyogik
heavy industry	भारी उद्योग (m)	bhārī udyog
light industry	हल्का उद्योग (m)	halka udyog
products	उत्पाद (m)	utpād
to produce (vt)	उत्पादन करना	utpādan karana
raw materials	कच्चा माल (m)	kachcha māl
foreman (construction ~)	फ़ोरमैन (m)	foramain
workers team (crew)	मज़दूर दल (m)	mazadūr dal
worker	मज़दूर (m)	mazadūr
working day	कार्यदिवस (m)	kāryadivas
pause (rest break)	अंतराल (m)	antarāl
meeting	बैठक (f)	baithak
to discuss (vt)	चर्चा करना	charcha karana
plan	योजना (f)	yojana
to fulfil the plan	योजना बनाना	yojana banāna
rate of output	उत्पादन दर (f)	utpādan dar
quality	गुणवत्ता (m)	gunavatta
control (checking)	जाँच (f)	jānch
quality control	गुणवत्ता जाँच (f)	gunavatta jānch
workplace safety	कार्यस्थल सुरक्षा (f)	kāryasthal suraksha
discipline	अनुशासन (m)	anushāsan
violation (of safety rules, etc.)	उल्लंघन (m)	ullanghan
to violate (rules)	उल्लंघन करना	ullanghan karana
strike	हड़ताल (f)	haratāl
striker	हड़तालकारी (m)	haratālakārī

to be on strike	हड़ताल करना	haratāl karana
trade union	ट्रेड-यूनियन (m)	tred-yūniyan
to invent (machine, etc.)	आविष्कार करना	āvishkār karana
invention	आविष्कार (m)	āvishkār
research	अनुसंधान (f)	anusandhān
to improve (make better)	सुधारना	sudhārana
technology	प्रौद्योगिकी (f)	praudyogikī
technical drawing	तकनीकी चित्रकारी (f)	takanīkī chitrakārī
load, cargo	भार (m)	bhār
loader (person)	कुली (m)	kulī
to load (vehicle, etc.)	लादना	lādana
loading (process)	लादना (m)	lādana
to unload (vi, vt)	सामान उतारना	sāmān utārana
unloading	उतारना	utārana
transport	परिवहन (m)	parivahan
transport company	परिवहन कम्पनी (f)	parivahan kampanī
to transport (vt)	अपवाहन करना	apavāhan karana
wagon	माल गाड़ी (f)	māl gāṛī
tank (e.g., oil ~)	टैंकर (m)	tainkar
lorry	ट्रक (m)	trak
machine tool	मशीनी उपकरण (m)	mashīnī upakaran
mechanism	यंत्र (m)	yantr
industrial waste	औद्योगिक अवशेष (m)	audyogik avashesh
packing (process)	पैकिंग (f)	paiking
to pack (vt)	पैक करना	paik karana

73. Contract. Agreement

contract	ठेका (m)	theka
agreement	समझौता (f)	samajhauta
addendum	परिशिष्ट (f)	parishisht
to sign a contract	अनुबंध पर हस्ताक्षर करना	anubandh par hastākshar karana
signature	हस्ताक्षर (m)	hastākshar
to sign (vt)	हस्ताक्षर करना	hastākshar karana
seal (stamp)	सील (m)	sīl
subject of the contract	अनुबंध की विषय-वस्तु (f)	anubandh kī vishay-vastu
clause	धारा (f)	dhāra
parties (in contract)	पार्टी (f)	pārtī
legal address	कानूनी पता (m)	kānūnī pata
to violate the contract	अनुबंध का उल्लंघन करना	anubandh ka ullanghan karana
commitment (obligation)	प्रतिबद्धता (f)	pratibaddhta
responsibility	ज़िम्मेदारी (f)	zimmedārī
force majeure	अप्रत्याशित घटना (f)	apratyāshit ghatana

| dispute | विवाद (m) | vivād |
| penalties | जुर्माना (m) | jurmāna |

74. Import & Export

import	आयात (m)	āyāt
importer	आयातकर्ती (m)	āyātakarta
to import (vt)	आयात करना	āyāt karana
import (as adj.)	आयातित	āyātit

| exporter | निर्यातकर्ती (m) | niryātakarta |
| to export (vt) | निर्यात करना | niryāt karana |

| goods (merchandise) | माल (m) | māl |
| consignment, lot | प्रेषित माल (m) | preshit māl |

weight	वज़न (m)	vazan
volume	आयतन (m)	āyatan
cubic metre	घन मीटर (m)	ghan mītar

manufacturer	उत्पादक (m)	utpādak
transport company	वाहन कम्पनी (f)	vāhan kampanī
container	डिब्बा (m)	dibba

border	सीमा (f)	sīma
customs	सीमाशुल्क कार्यालय (f)	sīmāshulk kāryālay
customs duty	सीमाशुल्क (m)	sīmāshulk
customs officer	सीमाशुल्क अधिकारी (m)	sīmāshulk adhikārī
smuggling	तस्करी (f)	taskarī
contraband (smuggled goods)	तस्करी का माल (m)	taskarī ka māl

75. Finances

share, stock	शेयर (f)	sheyar
bond (certificate)	बाँड (m)	bānd
promissory note	विनिमय पत्र (m)	vinimay patr

| stock exchange | स्टॉक मार्केट (m) | stok mārket |
| stock price | शेयर का मूल्य (m) | sheyar ka mūly |

| to go down (become cheaper) | मूल्य कम होना | mūly kam hona |
| to go up (become more expensive) | मूल्य बढ़ जाना | mūly barh jāna |

controlling interest	नियंत्रण हित (f)	niyantran hit
investment	निवेश (f)	nivesh
to invest (vt)	निवेश करना	nivesh karana
percent	प्रतिशत (f)	pratishat
interest (on investment)	ब्याज (m pl)	byāj
profit	नफ़ा (m)	nafa

profitable (adj)	लाभदायक	lābhadāyak
tax	कर (f)	kar
currency (foreign ~)	मुद्रा (m)	mudra
national (adj)	राष्ट्रीय	rāshtrīy
exchange (currency ~)	विनिमय (m)	vinimay
accountant	लेखापाल (m)	lekhāpāl
accounting	लेखा विभाग (m)	lekha vibhāg
bankruptcy	दिवाला (m)	divāla
collapse, ruin	वित्तीय पतन (m)	vittīy pattan
ruin	बरबादी (m)	barabādī
to be ruined (financially)	आर्थिक रूप से बरबादी	ārthik rūp se barabādī
inflation	मुद्रास्फीति (f)	mudrāsfīti
devaluation	अवमूल्यन (m)	avamūlyan
capital	पूँजी (f)	pūnjī
income	आय (f)	āy
turnover	कुल बिक्री (f)	kul bikrī
resources	वित्तीय संसाधन (m)	vittīy sansādhan
monetary resources	मुद्रागत संसाधन (m)	mudrāgat sansādhan
to reduce (expenses)	कम करना	kam karana

76. Marketing

marketing	विपणन (m)	vipanan
market	मंडी (f)	mandī
market segment	बाज़ार क्षेत्र (m)	bāzār kshetr
product	उत्पाद (m)	utpād
goods (merchandise)	माल (m)	māl
trademark	ट्रेड मार्क (m)	tred mārk
logotype	लोगोटाइप (m)	logotaip
logo	लोगो (m)	logo
demand	मांग (f)	māng
supply	आपूर्ति (f)	āpūrti
need	ज़रूरत (f)	zarūrat
consumer	उपभोक्ता (m)	upabhokta
analysis	विश्लेषण (m)	vishleshan
to analyse (vt)	विश्लेषण करना	vishleshan karana
positioning	स्थिति-निर्धारण (f)	sthiti-nirdhāran
to position (vt)	स्थिति-निर्धारण करना	sthiti-nirdhāran karana
price	दाम (m)	dām
pricing policy	मूल्य निर्धारण नीति (f)	mūly nirdhāran nīti
price formation	मूल्य स्थापना (f)	mūly sthāpana

77. Advertising

advertising	विज्ञापन (m)	vigyāpan
to advertise (vt)	विज्ञापन देना	vigyāpan dena

budget	बजट (m)	bajat
ad, advertisement	विज्ञापन (m)	vigyāpan
TV advertising	टीवी विज्ञापन (m)	tīvī vigyāpan
radio advertising	रेडियो विज्ञापन (m)	rediyo vigyāpan
outdoor advertising	बिलबोर्ड विज्ञापन (m)	bilabord vigyāpan
mass medias	जनसंपर्क माध्यम (m)	janasampark mādhyam
periodical (n)	पत्रिका (f)	patrika
image (public appearance)	सार्वजनिक छवि (f)	sārvajanik chhavi
slogan	नारा (m)	nāra
motto (maxim)	नारा (m)	nāra
campaign	अभियान (m)	abhiyān
advertising campaign	विज्ञापन प्रचार (m)	vigyāpan prachār
target group	श्रोतागण (f)	shrotāgan
business card	बिज़नेस कार्ड (m)	bizanes kārd
leaflet (promotional ~)	पर्ची (f)	parcha
brochure (e.g. 12 pages ~)	ब्रोशर (m)	broshar
pamphlet	पर्ची (f)	parcha
newsletter	सूचनापत्र (m)	sūchanāpatr
signboard (store sign, etc.)	नेमप्लेट (m)	nemaplet
poster	पोस्टर (m)	postar
hoarding	इश्तहार (m)	ishtahār

78. Banking

bank	बैंक (m)	baink
branch (of a bank)	शाखा (f)	shākha
consultant	क्लर्क (m)	klark
manager (director)	मैनेजर (m)	mainejar
bank account	बैंक खाता (m)	baink khāta
account number	खाते का नम्बर (m)	khāte ka nambar
current account	चालू खाता (m)	chālū khāta
deposit account	बचत खाता (m)	bachat khāta
to open an account	खाता खोलना	khāta kholana
to close the account	खाता बंद करना	khāta band karana
to deposit into the account	खाते में जमा करना	khāte men jama karana
to withdraw (vt)	खाते से पैसा निकालना	khāte se paisa nikālana
deposit	जमा (m)	jama
to make a deposit	जमा करना	jama karana
wire transfer	तार स्थानांतरण (m)	tār sthānāntaran
to wire, to transfer	पैसे स्थानांतरित करना	paise sthānāntarit karana
sum	रक़म (m)	raqam
How much?	कितना?	kitana?
signature	हस्ताक्षर (f)	hastākshar
to sign (vt)	हस्ताक्षर करना	hastākshar karana

credit card	क्रेडिट कार्ड (m)	kredit kārd
code (PIN code)	पिन कोड (m)	pin kod
credit card number	क्रेडिट कार्ड संख्या (f)	kredit kārd sankhya
cashpoint	एटीएम (m)	etīem
cheque	चेक (m)	chek
to write a cheque	चेक लिखना	chek likhana
chequebook	चेकबुक (f)	chekabuk
loan (bank ~)	उधार (m)	uthār
to apply for a loan	उधार के लिए आवेदन करना	udhār ke lie āvedan karana
to get a loan	उधार लेना	uthār lena
to give a loan	उधार देना	uthār dena
guarantee	गारन्टी (f)	gārantī

79. Telephone. Phone conversation

telephone	फ़ोन (m)	fon
mobile phone	मोबाइल फ़ोन (m)	mobail fon
answerphone	जवाबी मशीन (f)	javābī mashīn
to call (by phone)	फ़ोन करना	fon karana
call, ring	कॉल (m)	kol
to dial a number	नम्बर लगाना	nambar lagāna
Hello!	हेलो!	helo!
to ask (vt)	पूछना	pūchhana
to answer (vi, vt)	जवाब देना	javāb dena
to hear (vt)	सुनना	sunana
well (adv)	ठीक	thīk
not well (adv)	ठीक नहीं	thīk nahin
noises (interference)	आवाज़ें (f)	āvāzen
receiver	रिसीवर (m)	risīvar
to pick up (~ the phone)	फ़ोन उठाना	fon uthāna
to hang up (~ the phone)	फ़ोन रखना	fon rakhana
busy (engaged)	बिज़ी	bizī
to ring (ab. phone)	फ़ोन बजना	fon bajana
telephone book	टेलीफ़ोन बुक (m)	telīfon buk
local (adj)	लोकल	lokal
trunk (e.g. ~ call)	लंबी दूरी की कॉल	lambī dūrī kī kol
international (adj)	अंतर्राष्ट्रीय	antarrāshtrīy

80. Mobile telephone

mobile phone	मोबाइल फ़ोन (m)	mobail fon
display	डिस्प्ले (m)	disple
button	बटन (m)	batan
SIM card	सिम कार्ड (m)	sim kārd
battery	बैटरी (f)	baitarī

| to be flat (battery) | बैटरी डेड हो जाना | baitarī ded ho jāna |
| charger | चार्जर (m) | chārjar |

menu	मीनू (m)	mīnū
settings	सेटिंग्स (f)	setings
tune (melody)	कॉलर ट्यून (m)	kolar tyūn
to select (vt)	चुनना	chunana

calculator	कैल्कुलैटर (m)	kailkulaitar
voice mail	वॉयस मेल (f)	voyas mel
alarm clock	अलार्म घड़ी (f)	alārm gharī
contacts	संपर्क (m)	sampark

| SMS (text message) | एसएमएस (m) | esemes |
| subscriber | सदस्य (m) | sadasy |

81. Stationery

| ballpoint pen | बॉल पेन (m) | bol pen |
| fountain pen | फाउन्टेन पेन (m) | faunten pen |

pencil	पेंसिल (f)	pensil
highlighter	हाइलाइटर (m)	hailaitar
felt-tip pen	फ्रेल्ट टिप पेन (m)	felt tip pen

| notepad | नोटबुक (m) | notabuk |
| diary | डायरी (f) | dāyarī |

ruler	स्केल (m)	skel
calculator	कैल्कुलेटर (m)	kailkuletar
rubber	रबड़ (f)	rabar
drawing pin	थंबटैक (m)	thanrbataik
paper clip	पेपर क्लिप (m)	pepar klip

glue	गोंद (f)	gond
stapler	स्टेप्लर (m)	steplar
hole punch	होल पंचर (m)	hol panchar
pencil sharpener	शार्पनर (m)	shārpanar

82. Kinds of business

accounting services	लेखा सेवा (f)	lekha seva
advertising	विज्ञापन (m)	vigyāpan
advertising agency	विज्ञापन एजन्सी (f)	vigyāpan ejansī
air-conditioners	वातानुकूलक सेवा (f)	vātānukūlak seva
airline	हवाई कम्पनी (f)	havaī kampanī

alcoholic beverages	मध पदार्थ (m)	mady padārth
antiques (antique dealers)	पुरानी चीज़ें (f)	purānī chīzen
art gallery (contemporary ~)	चित्रशाला (f)	chitrashāla
audit services	लेखापरीक्षा सेवा (f)	lekhāparīksha seva
banking industry	बैंक (m)	baink

beauty salon	ब्यूटी पार्लर (m)	byūtī pārlar
bookshop	किताबों की दुकान (f)	kitābon kī dukān
brewery	शराब की भट्ठी (f)	sharāb kī bhaththī
business centre	व्यापार केन्द्र (m)	vyāpār kendr
business school	व्यापार विद्यालय (m)	vyāpār vidyālay
casino	केसिनो (m)	kesino
chemist, pharmacy	दवाख़ाना (m)	davākhāna
cinema	सिनेमाघर (m)	sinemāghar
construction	निर्माण (m)	nirmān
consulting	परामर्श सेवा (f)	parāmarsh seva
dental clinic	दंतचिकित्सा क्लिनिक (f)	dantachikitsa klinik
design	डिज़ाइन (m)	dizain
dry cleaners	ड्राइक्लीनिंग (f)	draiklīning
employment agency	रोज़गार एजेंसी (f)	rozagār ejensī
financial services	वित्त सेवा (f)	vitt seva
food products	खाद्य पदार्थ (m)	khādy padārth
furniture (e.g. house ~)	फ़र्निचर (m)	farnichar
clothing, garment	पोशाक (m)	poshāk
hotel	होटल (m)	hotal
ice-cream	आईसक्रीम (f)	āīsakrīm
industry (manufacturing)	उद्योग (m)	udyog
insurance	बीमा (m)	bīma
Internet	इन्टरनेट (m)	intaranet
investments (finance)	निवेश (f)	nivesh
jeweller	सुनार (m)	sunār
jewellery	आभूषण (m)	ābhūshan
laundry (shop)	धोबीघर (m)	dhobīghar
legal adviser	कानूनी सलाह (f)	kānūnī salāh
light industry	हल्का उद्योग (m)	halka udyog
magazine	पत्रिका (f)	patrika
mail order selling	मेल-ऑर्डर विक्रय (m)	mel-ordar vikray
medicine	औषधि (f)	aushadhi
museum	संग्रहालय (m)	sangrahālay
news agency	सूचना केन्द्र (m)	sūchana kendr
newspaper	अख़बार (m)	akhabār
nightclub	नाइट क्लब (m)	nait klab
oil (petroleum)	पेट्रोलियम (m)	petroliyam
courier services	कुरियर सेवा (f)	kuriyar seva
pharmaceutics	औषधि (f)	aushadhi
printing (industry)	छपाई (f)	chhapaī
pub	बार (m)	bār
publishing house	प्रकाशन गृह (m)	prakāshan grh
radio (~ station)	रेडियो (m)	rediyo
real estate	अचल संपत्ति (f)	achal sampatti
restaurant	रेस्टराँ (m)	restarān
security company	सुरक्षा एजेंसी (f)	suraksha ejensī
shop	दुकान (f)	dukān

sport	क्रीड़ा (f)	krīra
stock exchange	स्टॉक मार्केट (m)	stok mārket
supermarket	सुपर बाज़ार (m)	supar bāzār
swimming pool (public ~)	तरण-ताल (m)	taran-tāl
tailor shop	दर्ज़ी (m)	darzī
television	टीवी (m)	tīvī
theatre	रंगमंच (m)	rangamanch
trade (commerce)	व्यापार (m)	vyāpār
transport companies	परिवहन (m)	parivahan
travel	पर्यटन (m)	paryatan
undertakers	शमशान घाट (m)	shamashān ghāt
veterinary surgeon	पशुचिकित्सक (m)	pashuchikitsak
warehouse	भंडार (m)	bhandār
waste collection	कूड़ा उठाने की सेवा (f)	kūra uthāne kī seva

Job. Business. Part 2

83. Show. Exhibition

exhibition, show	प्रदर्शनी (f)	pradarshanī
trade show	व्यापारिक प्रदर्शनी (f)	vyāpārik pradarshanī
participation	शिरकत (f)	shirakat
to participate (vi)	भाग लेना	bhāg lena
participant (exhibitor)	प्रतिभागी (m)	pratibhāgī
director	निदेशक (m)	nideshak
organizers' office	आयोजकों का कार्यालय (m)	āyojakon ka kāryālay
organizer	आयोजक (m)	āyojak
to organize (vt)	आयोजित करना	āyojit karana
participation form	प्रतिभागी प्रपत्र (m)	pratibhāgī prapatr
to fill in (vt)	भरना	bharana
details	विवरण (m)	vivaran
information	जानकारी (f)	jānakārī
price (cost, rate)	दाम (m)	dām
including	सहित	sahit
to include (vt)	शामिल करना	shāmil karana
to pay (vi, vt)	दाम चुकाना	dām chukāna
registration fee	पंजीकरण शुल्क (f)	panjīkaran shulk
entrance	प्रवेश (m)	pravesh
pavilion, hall	हॉल (m)	hol
to register (vt)	पंजीकरण करवाना	panjīkaran karavāna
badge (identity tag)	बैज (f)	baij
stand	स्टेंड (m)	stend
to reserve, to book	बुक करना	buk karana
display case	प्रदर्शन खिड़की (f)	pradarshan khirakī
spotlight	स्पॉटलाइट (f)	spotalait
design	डिज़ाइन (m)	dizain
to place (put, set)	रखना	rakhana
distributor	वितरक (m)	vitarak
supplier	आपूर्तिकर्ता (m)	āpūrtikarta
country	देश (m)	desh
foreign (adj)	विदेश	videsh
product	उत्पाद (m)	utpād
association	संस्था (f)	sanstha
conference hall	सम्मेलन भवन (m)	sammelan bhavan
congress	सम्मेलन (m)	sammelan

contest (competition)	प्रतियोगिता (f)	pratiyogita
visitor (attendee)	सहभागी (m)	sahabhāgī
to visit (attend)	भाग लेना	bhāg lena
customer	ग्राहक (m)	grāhak

84. Science. Research. Scientists

science	विज्ञान (m)	vigyān
scientific (adj)	वैज्ञानिक	vaigyānik
scientist	वैज्ञानिक (m)	vaigyānik
theory	सिद्धांत (f)	siddhānt
axiom	सिद्ध प्रमाण (m)	siddh pramān
analysis	विश्लेषण (m)	vishleshan
to analyse (vt)	विश्लेषण करना	vishleshan karana
argument (strong ~)	तथ्य (m)	tathy
substance (matter)	पदार्थ (m)	padārth
hypothesis	परिकल्पना (f)	parikalpana
dilemma	दुविधा (m)	duvidha
dissertation	शोधनिबंध (m)	shodhanibandh
dogma	हठधर्मिता (f)	hathadharmita
doctrine	सिद्धांत (m)	siddhānt
research	शोध (m)	shodh
to research (vt)	शोध करना	shodh karana
tests (laboratory ~)	जांच (f)	jānch
laboratory	प्रयोगशाला (f)	prayogashāla
method	वीधि (f)	vīdhi
molecule	अणु (m)	anu
monitoring	निगरानी (f)	nigarānī
discovery (act, event)	आविष्कार (m)	āvishkār
postulate	स्वसिद्ध (m)	svasiddh
principle	सिद्धांत (m)	siddhānt
forecast	पूर्वानुमान (m)	pūrvānumān
to forecast (vt)	पूर्वानुमान करना	pūrvānumān karana
synthesis	संश्लेषण (m)	sanshleshan
trend (tendency)	प्रवृति (f)	pravrtti
theorem	प्रमेय (m)	pramey
teachings	शिक्षा (f)	shiksha
fact	तथ्य (m)	tathy
expedition	अभियान (m)	abhiyān
experiment	प्रयोग (m)	prayog
academician	अकदमीशियन (m)	akadamīshiyan
bachelor (e.g. ~ of Arts)	स्नातक (m)	snātak
doctor (PhD)	डॉक्टर (m)	doktar
Associate Professor	सह - प्राध्यापक (m)	sah - prādhyāpak
Master (e.g. ~ of Arts)	स्नातकोत्तर (m)	snātakottar
professor	प्रोफ़ेसर (m)	profesar

Professions and occupations

85. Job search. Dismissal

job	नौकरी (f)	naukarī
personnel	कर्मचारी (m)	karmachārī
career	व्यवसाय (m)	vyavasāy
prospects (chances)	संभावना (f)	sambhāvana
skills (mastery)	हुनर (m)	hunar
selection (screening)	चुनाव (m)	chunāv
employment agency	रोज़गार केन्द्र (m)	rozagār kendr
curriculum vitae, CV	रेज़्यूम (m)	rijyūm
job interview	नौकरी के लिए साक्षात्कार (m)	
vacancy	रिक्ति (f)	rikti
salary, pay	वेतन (m)	vetan
fixed salary	वेतन (m)	vetan
pay, compensation	भुगतान (m)	bhugatān
position (job)	पद (m)	pad
duty (of an employee)	कर्तव्य (m)	kartavy
range of duties	कार्य-क्षेत्र (m)	kāry-kshetr
busy (I'm ~)	व्यस्त	vyast
to fire (dismiss)	बर्ख़ास्त करना	barakhāst karana
dismissal	बर्ख़ास्तगी (f)	barakhāstagī
unemployment	बेरोज़गारी (f)	berozagārī
unemployed (n)	बेरोज़गार (m)	berozagār
retirement	सेवा-निवृत्ति (f)	seva-nivrtti
to retire (from job)	सेवा-निवृत्त होना	seva-nivrtt hona

86. Business people

director	निदेशक (m)	nideshak
manager (director)	प्रबंधक (m)	prabandhak
boss	मालिक (m)	mālik
superior	वरिष्ठ अधिकारी (m)	varishth adhikārī
superiors	वरिष्ठ अधिकारी (m)	varishth adhikārī
president	अध्यक्ष (m)	adhyaksh
chairman	सभाध्यक्ष (m)	sabhādhyaksh
deputy (substitute)	उपाध्यक्ष (m)	upādhyaksh
assistant	सहायक (m)	sahāyak

secretary	सेक्रटरी (f)	sekratarī
personal assistant	निजी सहायक (m)	nijī sahāyak
businessman	व्यापारी (m)	vyāpārī
entrepreneur	उद्यमी (m)	udyamī
founder	संस्थापक (m)	sansthāpak
to found (vt)	स्थापित करना	sthāpit karana
founding member	स्थापक (m)	sthāpak
partner	पार्टनर (m)	pārtanar
shareholder	शेयर होलडर (m)	sheyar holadar
millionaire	लखपति (m)	lakhapati
billionaire	करोड़पति (m)	karorapati
owner, proprietor	मालिक (m)	mālik
landowner	ज़मीनदार (m)	zamīnadār
client	ग्राहक (m)	grāhak
regular client	खरीदार (m)	kharīdār
buyer (customer)	ग्राहक (m)	grāhak
visitor	आगंतुक (m)	āgantuk
professional (n)	पेशेवर (m)	peshevar
expert	विशेषज्ञ (m)	visheshagy
specialist	विशेषज्ञ (m)	visheshagy
banker	बैंकर (m)	bainkar
broker	ब्रोकर (m)	brokar
cashier	कैशियर (m)	kaishiyar
accountant	लेखापाल (m)	lekhāpāl
security guard	पहरेदार (m)	paharedār
investor	निवेशक (m)	niveshak
debtor	क़र्ज़दार (m)	qarzadār
creditor	लेनदार (m)	lenadār
borrower	कर्ज़दार (m)	karzadār
importer	आयातकर्ता (m)	āyātakartta
exporter	निर्यातकर्ता (m)	niryātakartta
manufacturer	उत्पादक (m)	utpādak
distributor	वितरक (m)	vitarak
middleman	बिचौलिया (m)	bichauliya
consultant	सलाहकार (m)	salāhakār
sales representative	बिक्री प्रतिनिधि (m)	bikrī pratinidhi
agent	एजेंट (m)	ejent
insurance agent	बीमा एजन्ट (m)	bīma ejant

87. Service professions

cook	बावरची (m)	bāvarchī
chef (kitchen chef)	मुख्य बावरची (m)	mukhy bāvarchī

baker	बेकर (m)	bekar
barman	बारटेन्डर (m)	bāretendar
waiter	बैरा (m)	baira
waitress	बैरा (f)	baira
lawyer, barrister	वकील (m)	vakīl
lawyer (legal expert)	वकील (m)	vakīl
notary public	नोटरी (m)	notarī
electrician	बिजलीवाला (m)	bijalīvāla
plumber	प्लम्बर (m)	plambar
carpenter	बढ़ई (m)	barhī
masseur	मालिशिया (m)	mālishiya
masseuse	मालिशिया (m)	mālishiya
doctor	चिकित्सक (m)	chikitsak
taxi driver	टैक्सीवाला (m)	taiksīvāla
driver	ड्राइवर (m)	draivar
delivery man	कूरियर (m)	kūriyar
chambermaid	चैम्बरमेड (f)	chaimbaramed
security guard	पहरेदार (m)	paharedār
flight attendant (fem.)	एयर होस्टेस (f)	eyar hostes
schoolteacher	शिक्षक (m)	shikshak
librarian	पुस्तकाध्यक्ष (m)	pustakādhyaksh
translator	अनुवादक (m)	anuvādak
interpreter	दुभाषिया (m)	dubhāshiya
guide	गाइड (m)	gaid
hairdresser	नाई (m)	naī
postman	डाकिया (m)	dākiya
salesman (store staff)	विक्रेता (m)	vikreta
gardener	माली (m)	mālī
domestic servant	नौकर (m)	naukar
maid (female servant)	नौकरानी (f)	naukarānī
cleaner (cleaning lady)	सफ़ाईवाली (f)	safāīvālī

88. Military professions and ranks

private	सैनिक (m)	sainik
sergeant	सार्जेंट (m)	sārjent
lieutenant	लेफ्टिनेंट (m)	leftinent
captain	कैप्टन (m)	kaiptan
major	मेजर (m)	mejar
colonel	कर्नल (m)	karnal
general	जनरल (m)	janaral
marshal	मार्शल (m)	mārshal
admiral	एडमिरल (m)	edamiral
military (n)	सैनिक (m)	sainik
soldier	सिपाही (m)	sipāhī

officer	अफ़्सर (m)	afsar
commander	कमांडर (m)	kamāndar
border guard	सीमा रक्षक (m)	sīma rakshak
radio operator	रेडियो ऑपरेटर (m)	rediyo oparetar
scout (searcher)	गुप्तचर (m)	guptachar
pioneer (sapper)	युद्ध इंजीनियर (m)	yuddh injīniyar
marksman	तीरंदाज़ (m)	tīrandāz
navigator	नैवीगेटर (m)	naivīgetar

89. Officials. Priests

king	बादशाह (m)	bādashāh
queen	महारानी (f)	mahārānī
prince	राजकुमार (m)	rājakumār
princess	राजकुमारी (f)	rājakumārī
czar	राजा (m)	rāja
czarina	रानी (f)	rānī
president	राष्ट्रपति (m)	rāshtrapati
Secretary (minister)	मंत्री (m)	mantrī
prime minister	प्रधान मंत्री (m)	pradhān mantrī
senator	सांसद (m)	sānsad
diplomat	राजनयिक (m)	rājanayik
consul	राजनयिक (m)	rājanayik
ambassador	राजदूत (m)	rājadūt
counselor (diplomatic officer)	राजनयिक परामर्शदाता (m)	rājanayik parāmarshadāta
official, functionary (civil servant)	अधिकारी (m)	adhikārī
prefect	अधिकारी (m)	adhikārī
mayor	मेयर (m)	meyar
judge	न्यायाधीश (m)	nyāyādhīsh
prosecutor	अभियोक्ता (m)	abhiyokta
missionary	पादरी (m)	pādarī
monk	मठवासी (m)	mathavāsī
abbot	मठाधीश (m)	mathādhīsh
rabbi	रब्बी (m)	rabbī
vizier	वज़ीर (m)	vazīr
shah	शाह (m)	shāh
sheikh	शेख़ (m)	shekh

90. Agricultural professions

beekeeper	मधुमक्खी-पालक (m)	madhumakkhī-pālak
shepherd	चरवाहा (m)	charavāha

agronomist	कृषिविज्ञानी (m)	krshivigyānī
cattle breeder	पशुपालक (m)	pashupālak
veterinary surgeon	पशुचिकित्सक (m)	pashuchikitsak
farmer	किसान (m)	kisān
winemaker	मदिराकारी (m)	madirākārī
zoologist	जीव विज्ञानी (m)	jīv vigyānī
cowboy	चरवाहा (m)	charavāha

91. Art professions

actor	अभिनेता (m)	abhineta
actress	अभिनेत्री (f)	abhinetrī
singer (masc.)	गायक (m)	gāyak
singer (fem.)	गायिका (f)	gāyika
dancer (masc.)	नर्तक (m)	nartak
dancer (fem.)	नर्तकी (f)	nartakī
performer (masc.)	अदाकार (m)	adākār
performer (fem.)	अदाकारा (f)	adākāra
musician	साज़िन्दा (m)	sāzinda
pianist	पियानो वादक (m)	piyāno vādak
guitar player	गिटार वादक (m)	gitār vādak
conductor (orchestra ~)	बैंड कंडक्टर (m)	baind kandaktar
composer	संगीतकार (m)	sangītakār
improcario	इम्प्रेसारियो (m)	impresāriyo
film director	निर्देशक (m)	nirdeshak
producer	प्रोड्यूसर (m)	prodyūsar
scriptwriter	लेखक (m)	lekhak
critic	आलोचक (m)	ālochak
writer	लेखक (m)	lekhak
poet	कवि (m)	kavi
sculptor	मूर्तिकार (m)	mūrtikār
artist (painter)	चित्रकार (m)	chitrakār
juggler	बाज़ीगर (m)	bāzīgar
clown	जोकर (m)	jokar
acrobat	कलाबाज़ (m)	kalābāz
magician	जादूगर (m)	jādūgar

92. Various professions

doctor	चिकित्सक (m)	chikitsak
nurse	नर्स (m)	nars
psychiatrist	मनोचिकित्सक (m)	manochikitsak
dentist	दंतचिकित्सक (m)	dantachikitsak

surgeon	शल्य-चिकित्सक (m)	shaly-chikitsak
astronaut	अंतरिक्षयात्री (m)	antarikshayātrī
astronomer	खगोल-विज्ञानी (m)	khagol-vigyānī
pilot	पाइलट (m)	pailat
driver (of a taxi, etc.)	ड्राइवर (m)	draivar
train driver	इंजन ड्राइवर (m)	injan draivar
mechanic	मैकेनिक (m)	maikenik
miner	खनिक (m)	khanik
worker	मज़दूर (m)	mazadūr
locksmith	ताला बनानेवाला (m)	tāla banānevāla
joiner (carpenter)	बढ़ई (m)	barhī
turner (lathe operator)	खरादी (m)	kharādī
building worker	मजूदर (m)	mazūdar
welder	वेल्डर (m)	veldar
professor (title)	प्रोफ़ेसर (m)	profesar
architect	वास्तुकार (m)	vāstukār
historian	इतिहासकार (m)	itihāsakār
scientist	वैज्ञानिक (m)	vaigyānik
physicist	भौतिक विज्ञानी (m)	bhautik vigyānī
chemist (scientist)	रसायनविज्ञानी (m)	rasāyanavigyānī
archaeologist	पुरातत्वविद (m)	purātatvavid
geologist	भूविज्ञानी (m)	bhūvigyānī
researcher (scientist)	शोधकर्ता (m)	shodhakarta
babysitter	दाई (f)	daī
teacher, educator	शिक्षक (m)	shikshak
editor	संपादक (m)	sampādak
editor-in-chief	मुख्य संपादक (m)	mūkhy sampādak
correspondent	पत्रकार (m)	patrakār
typist (fem.)	टाइपिस्ट (f)	taipist
designer	डिज़ाइनर (m)	dizainar
computer expert	कंप्यूटर विशेषज्ञ (m)	kampyūtar visheshagy
programmer	प्रोग्रामर (m)	progrāmar
engineer (designer)	इंजीनियर (m)	injīniyar
sailor	मल्लाह (m)	mallāh
seaman	मल्लाह (m)	mallāh
rescuer	बचानेवाला (m)	bachānevāla
firefighter	दमकल कर्मचारी (m)	damakal karmachārī
police officer	पुलिसवाला (m)	pulisavāla
watchman	पहरेदार (m)	paharedār
detective	जासूस (m)	jāsūs
customs officer	सीमाशुल्क अधिकारी (m)	sīmāshulk adhikārī
bodyguard	अंगरक्षक (m)	angarakshak
prison officer	जेल का पहरेदार (m)	jel ka paharedār
inspector	अधीक्षक (m)	adhīkshak
sportsman	खिलाड़ी (m)	khilārī
trainer, coach	प्रशिक्षक (m)	prashikshak

butcher	कसाई (m)	kasaī
cobbler (shoe repairer)	मोची (m)	mochī
merchant	व्यापारी (m)	vyāpārī
loader (person)	कुली (m)	kulī
fashion designer	फैशन डिज़ाइनर (m)	faishan dizainar
model (fem.)	मॉडल (m)	modal

93. Occupations. Social status

schoolboy	छात्र (m)	chhātr
student (college ~)	विद्यार्थी (m)	vidyārthī
philosopher	दर्शनशास्त्री (m)	darshanashāstrī
economist	अर्थशास्त्री (m)	arthashāstrī
inventor	आविष्कारक (m)	āvishkārak
unemployed (n)	बेरोज़गार (m)	berozagār
retiree, pensioner	सेवा-निवृत्त (m)	seva-nivrtt
spy, secret agent	गुप्तचर (m)	guptachar
prisoner	क़ैदी (m)	qaidī
striker	हड़तालकारी (m)	haratālakārī
bureaucrat	अफ़सरशाह (m)	afasarashāh
traveller (globetrotter)	यात्री (m)	yātrī
gay, homosexual (n)	समलैंगिक (m)	samalaingik
hacker	हैकर (m)	haikar
bandit	डाकू (m)	dākū
hit man, killer	हत्यारा (m)	hatyārā
drug addict	नशेबाज़ (m)	nashebāz
drug dealer	नशीली दवाओं का विक्रेता (m)	nashīlī davaon ka vikreta
prostitute (fem.)	वैश्या (f)	vaishya
pimp	दलाल (m)	dalāl
sorcerer	जादूगर (m)	jādūgar
sorceress (evil ~)	डायन (f)	dāyan
pirate	समुद्री लूटेरा (m)	samudrī lūtera
slave	दास (m)	dās
samurai	सामुराई (m)	sāmuraī
savage (primitive)	जंगली (m)	jangalī

Education

94. School

school	पाठशाला (m)	pāthashāla
headmaster	प्रिंसिपल (m)	prinsipal
student (m)	छात्र (m)	chhātr
student (f)	छात्रा (f)	chhātra
schoolboy	छात्र (m)	chhātr
schoolgirl	छात्रा (f)	chhātra
to teach (sb)	पढ़ाना	parhāna
to learn (language, etc.)	पढ़ना	parhana
to learn by heart	याद करना	yād karana
to learn (~ to count, etc.)	सीखना	sīkhana
to be at school	स्कूल में पढ़ना	skūl men parhana
to go to school	स्कूल जाना	skūl jāna
alphabet	वर्णमाला (f)	varnamāla
subject (at school)	विषय (m)	vishay
classroom	कक्षा (f)	kaksha
lesson	पाठ (m)	pāth
playtime, break	अंतराल (m)	antarāl
school bell	स्कूल की घंटी (f)	skūl kī ghantī
school desk	बेंच (f)	bench
blackboard	चॉकबोर्ड (m)	chokabord
mark	अंक (m)	ank
good mark	अच्छे अंक (m)	achchhe ank
bad mark	कम अंक (m)	kam ank
to give a mark	मार्क्स देना	mārks dena
mistake, error	ग़लती (f)	galatī
to make mistakes	ग़लती करना	galatī karana
to correct (an error)	ठीक करना	thīk karana
crib	कुंजी (f)	kunjī
homework	गृहकार्य (m)	grhakāry
exercise (in education)	अभ्यास (m)	abhyās
to be present	उपस्थित होना	upasthit hona
to be absent	अनुपस्थित होना	anupasthit hona
to punish (vt)	सज़ा देना	saza dena
punishment	सज़ा (f)	saza
conduct (behaviour)	बरताव (m)	baratāv
school report	रिपोर्ट कार्ड (f)	riport kārd

pencil	पेंसिल (f)	pensil
rubber	रबड़ (f)	rabar
chalk	चॉक (m)	chok
pencil case	पेंसिल का डिब्बा (m)	pensil ka dibba
schoolbag	बस्ता (m)	basta
pen	कलम (m)	kalam
exercise book	कॉपी (f)	kopī
textbook	पाठ्यपुस्तक (f)	pāthyapustak
compasses	कंपास (m)	kampās
to make technical drawings	तकनीकी चित्रकारी बनाना	takanīkī chitrakārī banāna
technical drawing	तकनीकी चित्रकारी (f)	takanīkī chitrakārī
poem	कविता (f)	kavita
by heart (adv)	रटकर	ratakar
to learn by heart	याद करना	yād karana
school holidays	छुट्टियाँ (f pl)	chhuttiyān
to be on holiday	छुट्टी पर होना	chhuttī par hona
test (at school)	परीक्षा (f)	parīksha
essay (composition)	रचना (f)	rachana
dictation	श्रुतलेख (m)	shrutalekh
exam (examination)	परीक्षा (f)	parīksha
to do an exam	परीक्षा देना	parīksha dena
experiment (e.g., chemistry ~)	परीक्षण (m)	parīkshan

95. College. University

academy	अकादमी (f)	akādamī
university	विश्वविद्यालय (m)	vishvavidyālay
faculty (e.g., ~ of Medicine)	संकाय (f)	sankāy
student (masc.)	छात्र (m)	chhātr
student (fem.)	छात्रा (f)	chhātra
lecturer (teacher)	अध्यापक (m)	adhyāpak
lecture hall, room	व्याख्यान कक्ष (m)	vyākhyān kaksh
graduate	स्नातक (m)	snātak
diploma	डिप्लोमा (m)	diploma
dissertation	शोधनिबंध (m)	shodhanibandh
study (report)	अध्ययन (m)	adhyayan
laboratory	प्रयोगशाला (f)	prayogashāla
lecture	व्याख्यान (f)	vyākhyān
coursemate	सहपाठी (m)	sahapāthī
scholarship, bursary	छात्रवृत्ति (f)	chhātravrtti
academic degree	शैक्षणिक डिग्री (f)	shaikshanik digrī

96. Sciences. Disciplines

mathematics	गणितशास्त्र (m)	ganitashāstr
algebra	बीजगणित (m)	bījaganit
geometry	रेखागणित (m)	rekhāganit

astronomy	खगोलवैज्ञान (m)	khagolavaigyān
biology	जीवविज्ञान (m)	jīvavigyān
geography	भूगोल (m)	bhūgol
geology	भूविज्ञान (m)	bhūvigyān
history	इतिहास (m)	itihās

medicine	चिकित्सा (m)	chikitsa
pedagogy	शिक्षाविज्ञान (m)	shikshāvigyān
law	कानून (m)	kānūn

physics	भौतिकविज्ञान (m)	bhautikavigyān
chemistry	रसायन (m)	rasāyan
philosophy	दर्शनशास्त्र (m)	darshanashāstr
psychology	मनोविज्ञान (m)	manovigyān

97. Writing system. Orthography

grammar	व्याकरण (m)	vyākaran
vocabulary	शब्दावली (f)	shabdāvalī
phonetics	स्वरविज्ञान (m)	svaravigyān

noun	संज्ञा (f)	sangya
adjective	विशेषण (m)	visheshan
verb	क्रिया (m)	kriya
adverb	क्रिया विशेषण (f)	kriya visheshan

pronoun	सर्वनाम (m)	sarvanām
interjection	विस्मयादिबोधक (m)	vismayādibodhak
preposition	पूर्वसर्ग (m)	pūrvasarg

root	मूल शब्द (m)	mūl shabd
ending	अन्त्याक्षर (m)	antyākshar
prefix	उपसर्ग (m)	upasarg
syllable	अक्षर (m)	akshar
suffix	प्रत्यय (m)	pratyay

| stress mark | बल चिह्न (m) | bal chihn |
| apostrophe | वर्णलोप चिह्न (m) | varnalop chihn |

full stop	पूर्णविराम (m)	pūrnavirām
comma	उपविराम (m)	upavirām
semicolon	अर्धविराम (m)	ardhavirām
colon	कोलन (m)	kolan
ellipsis	तीन बिन्दु (m)	tīn bindu

| question mark | प्रश्न चिह्न (m) | prashn chihn |
| exclamation mark | विस्मयादिबोधक चिह्न (m) | vismayādibodhak chihn |

inverted commas	उद्धरण चिह्न (m)	uddharan chihn
in inverted commas	उद्धरण चिह्न में	uddharan chihn men
parenthesis	कोष्ठक (m pl)	koshthak
in parenthesis	कोष्ठक में	koshthak men
hyphen	हाइफन (m)	haifan
dash	डैश (m)	daish
space (between words)	रिक्त स्थान (m)	rikt sthān
letter	अक्षर (m)	akshar
capital letter	बड़ा अक्षर (m)	bara akshar
vowel (n)	स्वर (m)	svar
consonant (n)	समस्वर (m)	samasvar
sentence	वाक्य (m)	vāky
subject	कर्ता (m)	kartta
predicate	विधेय (m)	vidhey
line	पंक्ति (f)	pankti
on a new line	नई पंक्ति पर	naī pankti par
paragraph	अनुच्छेद (m)	anuchchhed
word	शब्द (m)	shabd
group of words	शब्दों का समूह (m)	shabdon ka samūh
expression	अभिव्यक्ति (f)	abhivyakti
synonym	समनार्थक शब्द (m)	samanārthak shabd
antonym	विपरीतार्थी शब्द (m)	viparītārthī shabd
rule	नियम (m)	niyam
exception	अपवाद (m)	apavād
correct (adj)	ठीक	thīk
conjugation	क्रियारूप संयोजन (m)	kriyārūp sanyojan
declension	विभक्ति-रूप (m)	vibhakti-rūp
nominal case	कारक (m)	kārak
question	प्रश्न (m)	prashn
to underline (vt)	रेखांकित करना	rekhānkit karana
dotted line	बिन्दुरेखा (f)	bindurekha

98. Foreign languages

language	भाषा (f)	bhāsha
foreign language	विदेशी भाषा (f)	videshī bhāsha
to study (vt)	पढ़ना	parhana
to learn (language, etc.)	सीखना	sīkhana
to read (vi, vt)	पढ़ना	parhana
to speak (vi, vt)	बोलना	bolana
to understand (vt)	समझना	samajhana
to write (vt)	लिखना	likhana
fast (adv)	तेज़	tez
slowly (adv)	धीरे	dhīre

fluently (adv)	धड़ल्ले से	dharalle se
rules	नियम (m pl)	niyam
grammar	व्याकरण (m)	vyākaran
vocabulary	शब्दावली (f)	shabdāvalī
phonetics	स्वरविज्ञान (m)	svaravigyān
textbook	पाठ्यपुस्तक (f)	pāthyapustak
dictionary	शब्दकोश (m)	shabdakosh
teach-yourself book	स्वयंशिक्षक पुस्तक (m)	svayanshikshak pustak
phrasebook	वार्तालाप-पुस्तिका (f)	vārttālāp-pustika
cassette, tape	कैसेट (f)	kaiset
videotape	वीडियो कैसेट (m)	vīdiyo kaiset
CD, compact disc	सीडी (m)	sīdī
DVD	डीवीडी (m)	dīvīdī
alphabet	वर्णमाला (f)	varnamāla
to spell (vt)	हिज्जे करना	hijje karana
pronunciation	उच्चारण (m)	uchchāran
accent	लहज़ा (m)	lahaza
with an accent	लहज़े के साथ	lahaze ke sāth
without an accent	बिना लहज़े	bina lahaze
word	शब्द (m)	shabd
meaning	मतलब (m)	matalab
course (e.g. a French ~)	पाठ्यक्रम (m)	pāthyakram
to sign up	सदस्य बनना	sadasy banana
teacher	शिक्षक (m)	shikshak
translation (process)	तर्जुमा (m)	tarjuma
translation (text, etc.)	अनुवाद (m)	anuvād
translator	अनुवादक (m)	anuvādak
interpreter	दुभाषिया (m)	dubhāshiya
polyglot	बहुभाषी (m)	bahubhāshī
memory	स्मृति (f)	smrti

Rest. Entertainment. Travel

99. Trip. Travel

tourism, travel	पर्यटन (m)	paryatan
tourist	पर्यटक (m)	paryatak
trip, voyage	यात्रा (f)	yātra
adventure	जाँबाज़ी (f)	jānbāzī
trip, journey	यात्रा (f)	yātra
holiday	छुट्टी (f)	chhuttī
to be on holiday	छुट्टी पर होना	chhuttī par hona
rest	आराम (m)	ārām
train	रेलगाड़ी, ट्रेन (f)	relagārī, tren
by train	रैलगाड़ी से	railagārī se
aeroplane	विमान (m)	vimān
by aeroplane	विमान से	vimān se
by car	कार से	kār se
by ship	जहाज़ पर	jahāz par
luggage	सामान (m)	sāmān
suitcase	सूटकेस (m)	sūtakes
luggage trolley	सामान के लिये गाड़ी (f)	sāmān ke liye gārī
passport	पासपोर्ट (m)	pāsaport
visa	वीज़ा (m)	vizā
ticket	टिकट (m)	tikat
air ticket	हवाई टिकट (m)	havaī tikat
guidebook	गाइडबुक (f)	gaidabuk
map (tourist ~)	नक्शा (m)	naksha
area (rural ~)	क्षेत्र (m)	kshetr
place, site	स्थान (m)	sthān
exotica (n)	विचित्र वस्तुएं	vichitr vastuen
exotic (adj)	विचित्र	vichitr
amazing (adj)	अजीब	ajīb
group	समूह (m)	samūh
excursion, sightseeing tour	पर्यटन (f)	paryatan
guide (person)	गाइड (m)	gaid

100. Hotel

hotel	होटल (f)	hotal
motel	मोटल (m)	motal
three-star (~ hotel)	तीन सितारा	tīn sitāra

five-star	पाँच सितारा	pānch sitāra
to stay (in a hotel, etc.)	ठहरना	thaharana
room	कमरा (m)	kamara
single room	एक पलंग का कमरा (m)	ek palang ka kamara
double room	दो पलंगों का कमरा (m)	do palangon ka kamara
to book a room	कमरा बुक करना	kamara buk karana
half board	हाफ़-बोर्ड (m)	hāf-bord
full board	फ़ुल-बोर्ड (m)	ful-bord
with bath	स्नानघर के साथ	snānaghar ke sāth
with shower	शॉवर के साथ	shovar ke sāth
satellite television	सैटेलाइट टेलीविज़न (m)	saitelait telīvizan
air-conditioner	एयर-कंडिशनर (m)	eyar-kandishanar
towel	तौलिया (f)	tauliya
key	चाबी (f)	chābī
administrator	मैनेजर (m)	mainejar
chambermaid	चैमबरमैड (f)	chaimabaramaid
porter	कुली (m)	kulī
doorman	दरबान (m)	darabān
restaurant	रेस्टराँ (m)	restarān
pub, bar	बार (m)	bār
breakfast	नाश्ता (m)	nāshta
dinner	रात्रिभोज (m)	rātribhoj
buffet	बुफ़े (m)	bufe
lobby	लॉबी (f)	lobī
lift	लिफ़्ट (m)	lift
DO NOT DISTURB	परेशान न करें	pareshān na karen
NO SMOKING	धुम्रपान निषेध!	dhumrapān nishedh!

TECHNICAL EQUIPMENT. TRANSPORT

Technical equipment

101. Computer

computer	कंप्यूटर (m)	kampyūtar
notebook, laptop	लैपटॉप (m)	laipatop
to turn on	चलाना	chalāna
to turn off	बंद करना	band karana
keyboard	कीबोर्ड (m)	kībord
key	कुंजी (m)	kunjī
mouse	माउस (m)	maus
mouse mat	माउस पैड (m)	maus paid
button	बटन (m)	batan
cursor	कर्सर (m)	karsar
monitor	मॉनिटर (m)	monitar
screen	स्क्रीन (m)	skrīn
hard disk	हार्ड डिस्क (m)	hārd disk
hard disk capacity	हार्ड डिस्क क्षमता (f)	hārd disk kshamata
memory	मेमोरी (f)	memorī
random access memory	रैंडम ऐक्सेस मेमोरी (f)	raindam aikses memorī
file	फ़ाइल (f)	fail
folder	फ़ोल्डर (m)	foldar
to open (vt)	खोलना	kholana
to close (vt)	बंद करना	band karana
to save (vt)	सहेजना	sahejana
to delete (vt)	हटाना	hatāna
to copy (vt)	कॉपी करना	kopī karana
to sort (vt)	व्यवस्थित करना	vyavasthit karana
to transfer (copy)	स्थानांतरित करना	sthānāntarit karana
programme	प्रोग्राम (m)	progrām
software	सोफ़्टवेयर (m)	softaveyar
programmer	प्रोग्रामर (m)	progrāmar
to program (vt)	प्रोग्रम करना	program karana
hacker	हैकर (m)	haikar
password	पासवर्ड (m)	pāsavard
virus	वाइरस (m)	vairas
to find, to detect	तलाश करना	talāsh karana
byte	बाइट (m)	bait

megabyte	मेगाबाइट (m)	megābait
data	डाटा (m pl)	dāta
database	डाटाबेस (m)	dātābes
cable (USB, etc.)	तार (m)	tār
to disconnect (vt)	अलग करना	alag karana
to connect (sth to sth)	जोड़ना	jorana

102. Internet. E-mail

Internet	इन्टरनेट (m)	intaranet
browser	ब्राउज़र (m)	brauzar
search engine	सर्च इंजन (f)	sarch injan
provider	प्रोवाइडर (m)	provaidar
webmaster	वेब मास्टर (m)	veb māstar
website	वेब साइट (m)	veb sait
web page	वेब पृष्ठ (m)	veb prshth
address (e-mail ~)	पता (m)	pata
address book	संपर्क पुस्तक (f)	sampark pustak
postbox	मेलबॉक्स (m)	melaboks
post	डाक (m)	dāk
message	संदेश (m)	sandesh
sender	प्रेषक (m)	preshak
to send (vt)	भेजना	bhejana
sending (of mail)	भेजना (m)	bhejana
receiver	प्रासकर्ता (m)	prāptakarta
to receive (vt)	प्रास करना	prāpt karana
correspondence	पत्राचार (m)	patrāchār
to correspond (vi)	पत्राचार करना	patrāchār karana
file	फ़ाइल (f)	fail
to download (vt)	डाउनलोड करना	daunalod karana
to create (vt)	बनाना	banāna
to delete (vt)	हटाना	hatāna
deleted (adj)	हटा दिया गया	hata diya gaya
connection (ADSL, etc.)	कनेक्शन (m)	kanekshan
speed	रफ़्तार (f)	rafatār
modem	मोडेम (m)	modem
access	पहुंच (m)	pahunch
port (e.g. input ~)	पोर्ट (m)	port
connection (make a ~)	कनेक्शन (m)	kanekshan
to connect to … (vi)	जुड़ना	jurana
to select (vt)	चुनना	chunana
to search (for …)	खोजना	khojana

103. Electricity

electricity	बिजली (f)	bijalī
electric, electrical (adj)	बिजली का	bijalī ka
electric power station	बिजलीघर (m)	bijalīghar
energy	ऊर्जा (f)	ūrja
electric power	विद्युत शक्ति (f)	vidyut shakti
light bulb	बल्ब (m)	balb
torch	फ्लैशलाइट (f)	flaishalait
street light	सड़क की बत्ती (f)	sarak kī battī
light	बिजली (f)	bijalī
to turn on	चलाना	chalāna
to turn off	बंद करना	band karana
to turn off the light	बिजली बंद करना	bijalī band karana
to burn out (vi)	फ्यूज़ होना	fyūz hona
short circuit	शार्ट सर्किट (m)	shārt sarkit
broken wire	टूटा तार (m)	tūta tār
contact (electrical ~)	सॉकेट (m)	soket
light switch	स्विच (m)	svich
socket outlet	सॉकेट (m)	soket
plug	प्लग (m)	plag
extension lead	एक्सटेंशन कॉर्ड (m)	ekstenshan kord
fuse	फ्यूज़ (m)	fyūz
cable, wire	तार (m)	tār
wiring	तार (m)	tār
ampere	ऐम्पेयर (m)	aimpeyar
amperage	विद्युत शक्ति (f)	vidyut shakti
volt	वोल्ट (m)	volt
voltage	वोल्टेज (f)	voltej
electrical device	विद्युत यंत्र (m)	vidyut yantr
indicator	सूचक (m)	sūchak
electrician	विद्युत कारीगर (m)	vidyut kārīgar
to solder (vt)	धातु जोड़ना	dhātu jorana
soldering iron	सोल्डरिंग आयरन (m)	soldaring āyaran
electric current	विद्युत प्रवाह (f)	vidyut pravāh

104. Tools

tool, instrument	औज़ार (m)	auzār
tools	औज़ार (m pl)	auzār
equipment (factory ~)	मशीन (f)	mashīn
hammer	हथौड़ी (f)	hathaurī
screwdriver	पेंचकस (m)	penchakas
axe	कुल्हाड़ी (f)	kulhārī

saw	आरी (f)	ārī
to saw (vt)	आरी से काटना	ārī se kātana
plane (tool)	रंदा (m)	randa
to plane (vt)	छीलना	chhīlana
soldering iron	सोल्डरिंग आयरन (m)	soldaring āyaran
to solder (vt)	धातु जोड़ना	dhātu jorana
file (tool)	रेती (f)	retī
carpenter pincers	संडसी (f pl)	sandasī
combination pliers	प्लायर (m)	plāyar
chisel	छेनी (f)	chhenī
drill bit	ड्रिल बिट (m)	dril bit
electric drill	विद्युतीय बरमा (m)	vidyutīy barama
to drill (vi, vt)	ड्रिल करना	dril karana
knife	छुरी (f)	chhurī
blade	धार (f)	dhār
sharp (blade, etc.)	कटीला	katīla
dull, blunt (adj)	कुंद	kund
to get blunt (dull)	कुंद करना	kund karana
to sharpen (vt)	धारदार बनाना	dhāradār banāna
bolt	बोल्ट (m)	bolt
nut	नट (m)	nat
thread (of a screw)	चूड़ी (f)	chūrī
wood screw	पेंच (m)	pench
nail	कील (f)	kīl
nailhead	कील का सिरा (m)	kīl ka sira
ruler (for measuring)	स्केल (m)	skel
tape measure	इंची टेप (m)	inchī tep
spirit level	स्पिरिट लेवल (m)	spirit leval
magnifying glass	आवर्धक लेंस (m)	āvardhak lens
measuring instrument	मापक यंत्र (m)	māpak yantr
to measure (vt)	मापना	māpana
scale (temperature ~, etc.)	स्केल (f)	skel
readings	पाठ्यांक (m pl)	pāthyānk
compressor	कंप्रेसर (m)	kampresar
microscope	माइक्रोस्कोप (m)	maikroskop
pump (e.g. water ~)	पंप (m)	pamp
robot	रोबोट (m)	robot
laser	लेज़र (m)	lezar
spanner	रिंच (m)	rinch
adhesive tape	फ़ीता (m)	fīta
glue	लेई (f)	leī
sandpaper	रेगमाल (m)	regamāl
spring	कमानी (f)	kamānī
magnet	मैग्नेट (m)	maignet

gloves	दस्ताने (m pl)	dastāne
rope	रस्सी (f)	rassī
cord	डोरी (f)	dorī
wire (e.g. telephone ~)	तार (m)	tār
cable	केबल (m)	kebal
sledgehammer	हथौड़ा (m)	hathaura
prybar	रंभा (m)	rambha
ladder	सीढ़ी (f)	sīrhī
stepladder	सीढ़ी (f)	sīrhī
to screw (tighten)	कसना	kasana
to unscrew (lid, filter, etc.)	घुमाकर खोलना	ghumākar kholana
to tighten (e.g. with a clamp)	कसना	kasana
to glue, to stick	चिपकाना	chipakāna
to cut (vt)	काटना	kātana
malfunction (fault)	ख़राबी (f)	kharābī
repair (mending)	मरम्मत (f)	marammat
to repair, to fix (vt)	मरम्मत करना	marammat karana
to adjust (machine, etc.)	ठीक करना	thīk karana
to check (to examine)	जांचना	jānchana
checking	जांच (f)	jānch
readings	पाठ्यांक (m)	pāthyānk
reliable, solid (machine)	मज़बूत	mazabūt
complex (adj)	जटिल	jatil
to rust (get rusted)	ज़ंग लगना	zang lagana
rusty (adj)	ज़ंग लगा हुआ	zang laga hua
rust	ज़ंग (m)	zang

Transport

105. Aeroplane

aeroplane	विमान (m)	vimān
air ticket	हवाई टिकट (m)	havaī tikat
airline	हवाई कम्पनी (f)	havaī kampanī
airport	हवाई अड्डा (m)	havaī adda
supersonic (adj)	पराध्वनिक	parādhvanik
captain	कसान (m)	kaptān
crew	वैमानिक दल (m)	vaimānik dal
pilot	विमान चालक (m)	vimān chālak
stewardess	एयर होस्टस (f)	eyar hostas
navigator	नैवीगेटर (m)	naivīgetar
wings	पंख (m pl)	pankh
tail	पूँछ (f)	pūnchh
cockpit	कॉकपिट (m)	kokapit
engine	इंजन (m)	injan
undercarriage (landing gear)	हवाई जहाज़ पहिये (m)	havaī jahāz pahiye
turbine	टरबाइन (f)	tarabain
propeller	प्रोपेलर (m)	propelar
black box	ब्लैक बॉक्स (m)	blaik boks
yoke (control column)	कंट्रोल कॉलम (m)	kantrol kolam
fuel	ईंधन (m)	īndhan
safety card	सुरक्षा-पत्र (m)	suraksha-patr
oxygen mask	ऑक्सीजन मास्क (m)	oksījan māsk
uniform	वर्दी (f)	vardī
lifejacket	बचाव पेटी (f)	bachāv petī
parachute	पैराशूट (m)	pairāshūt
takeoff	उड़ान (m)	urān
to take off (vi)	उड़ना	urana
runway	उड़ान पट्टी (f)	urān pattī
visibility	दृश्यता (f)	drshyata
flight (act of flying)	उड़ान (m)	urān
altitude	ऊंचाई (f)	ūnchaī
air pocket	वायु-पॉकेट (m)	vāyu-poket
seat	सीट (f)	sīt
headphones	हेडफ़ोन (m)	hedafon
folding tray (tray table)	ट्रे टेबल (f)	tre tebal
airplane window	हवाई जहाज़ की खिड़की (f)	havaī jahāz kī khirakī
aisle	गलियारा (m)	galiyāra

106. Train

train	रेलगाड़ी, ट्रेन (f)	relagāṛī, tren
commuter train	लोकल ट्रेन (f)	lokal tren
express train	तेज़ रेलगाड़ी (f)	tez relagāṛī
diesel locomotive	डीज़ल रेलगाड़ी (f)	dīzal relagāṛī
steam locomotive	स्टीम इंजन (f)	stīm injan
coach, carriage	कोच (f)	koch
buffet car	डाइनर (f)	dainar
rails	पटरियाँ (f)	patariyān
railway	रेलवे (f)	relave
sleeper (track support)	पटरियाँ (f)	patariyān
platform (railway ~)	प्लेटफॉर्म (m)	pletaform
platform (~ 1, 2, etc.)	प्लेटफॉर्म (m)	pletaform
semaphore	सिग्नल (m)	signal
station	स्टेशन (m)	steshan
train driver	इंजन ड्राइवर (m)	injan draivar
porter (of luggage)	कुली (m)	kulī
carriage attendant	कोच एटेंडेंट (m)	koch etendent
passenger	मुसाफिर (m)	musāfir
ticket inspector	टीटी (m)	ṭīṭī
corridor (in train)	गलियारा (m)	galiyāra
emergency brake	आपात ब्रेक (m)	āpāt brek
compartment	डिब्बा (m)	dibba
berth	बर्थ (f)	barth
upper berth	ऊपरी बर्थ (f)	ūparī barth
lower berth	निचली बर्थ (f)	nichalī barth
bed linen, bedding	बिस्तर (m)	bistar
ticket	टिकट (m)	tikat
timetable	टाइम टैबुल (m)	taim taibul
information display	सूचना बोर्ड (m)	sūchana bord
to leave, to depart	चले जाना	chale jāna
departure (of a train)	रवानगी (f)	ravānagī
to arrive (ab. train)	पहुंचना	pahunchana
arrival	आगमन (m)	āgaman
to arrive by train	गाड़ी से पहुंचना	gāṛī se pahunchana
to get on the train	गाड़ी पकड़ना	gāḍī pakarana
to get off the train	गाड़ी से उतरना	gāṛī se utarana
train crash	दुर्घटनाग्रस्त (f)	durghatanāgrast
steam locomotive	स्टीम इंजन (m)	stīm injan
stoker, fireman	अग्निशामक (m)	agnishāmak
firebox	भट्ठी (f)	bhatthī
coal	कोयला (m)	koyala

107. Ship

ship	जहाज़ (m)	jahāz
vessel	जहाज़ (m)	jahāz
steamship	जहाज़ (m)	jahāz
riverboat	मोटर बोट (m)	motar bot
cruise ship	लाइनर (m)	lainar
cruiser	क्रूज़र (m)	krūzar
yacht	याख्ट (m)	yākht
tugboat	कर्षक पोत (m)	karshak pot
barge	बार्ज (f)	bārj
ferry	फेरी बोट (f)	ferī bot
sailing ship	पाल नाव (f)	pāl nāv
brigantine	बादबानी (f)	bādabānī
ice breaker	हिमभंजक पोत (m)	himabhanjak pot
submarine	पनडुब्बी (f)	panadubbī
boat (flat-bottomed ~)	नाव (m)	nāv
dinghy (lifeboat)	किश्ती (f)	kishtī
lifeboat	जीवन रक्षा किश्ती (f)	jīvan raksha kishtī
motorboat	मोटर बोट (m)	motar bot
captain	कसान (m)	kaptān
seaman	मल्लाह (m)	mallāh
sailor	मल्लाह (m)	mallāh
crew	वैमानिक दल (m)	vaimānik dal
boatswain	बोसुन (m)	bosun
ship's boy	बोसुन (m)	bosun
cook	रसोइया (m)	rasoiya
ship's doctor	पोत डाक्टर (m)	pot dāktar
deck	डेक (m)	dek
mast	मस्तूल (m)	mastūl
sail	पाल (m)	pāl
hold	कार्गी (m)	kārgo
bow (prow)	जहाज़ का अगड़ा हिस्सा (m)	jahāz ka agara hissa
stern	जहाज़ का पिछला हिस्सा (m)	jahāz ka pichhala hissa
oar	चप्पू (m)	chappū
screw propeller	जहाज़ की पंखी चलाने का पेंच (m)	jahāz kī pankhī chalāne ka pench
cabin	कैबिन (m)	kaibin
wardroom	मेस (f)	mes
engine room	मशीन-कमरा (m)	mashīn-kamara
bridge	ब्रिज (m)	brij
radio room	रेडियो केबिन (m)	rediyo kebin
wave (radio)	रेडियो तरंग (f)	rediyo tarang
logbook	जहाज़ी रजिस्टर (m)	jahāzī rajistar
spyglass	टेलिस्कोप (m)	teliskop

| bell | घंटा (m) | ghanta |
| flag | झंडा (m) | jhanda |

| hawser (mooring ~) | रस्सा (m) | rassa |
| knot (bowline, etc.) | जहाज़ी गांठ (f) | jahāzī gānth |

| deckrails | रेलिंग (f) | reling |
| gangway | सीढ़ी (f) | sīrhī |

anchor	लंगर (m)	langar
to weigh anchor	लंगर उठाना	langar uthāna
to drop anchor	लंगर डालना	langar dālana
anchor chain	लंगर की ज़जीर (f)	langar kī zajīr

port (harbour)	बंदरगाह (m)	bandaragāh
quay, wharf	घाट (m)	ghāt
to berth (moor)	किनारे लगना	kināre lagana
to cast off	रवाना होना	ravāna hona

trip, voyage	यात्रा (f)	yātra
cruise (sea trip)	जलयात्रा (f)	jalayātra
course (route)	दिशा (f)	disha
route (itinerary)	मार्ग (m)	mārg

fairway (safe water channel)	नाव्य जलपथ (m)	nāvy jalapath
shallows	छिछला पानी (m)	chhichhala pānī
to run aground	छिछले पानी में धंसना	chhichhale pānī men dhansana

storm	तूफ़ान (m)	tufān
signal	सिग्नल (m)	signal
to sink (vi)	डूबना	dūbana
SOS (distress signal)	एसओएस	esoes
ring buoy	लाइफ़ ब्वाय (m)	laif bvāy

108. Airport

airport	हवाई अड्डा (m)	havaī adda
aeroplane	विमान (m)	vimān
airline	हवाई कम्पनी (f)	havaī kampanī
air traffic controller	हवाई यातायात नियंत्रक (m)	havaī yātāyāt niyantrak

departure	प्रस्थान (m)	prasthān
arrival	आगमन (m)	āgaman
to arrive (by plane)	पहुंचना	pahunchana

| departure time | उड़ान का समय (m) | urān ka samay |
| arrival time | आगमन का समय (m) | āgaman ka samay |

| to be delayed | देर से आना | der se āna |
| flight delay | उड़ान देरी (f) | urān derī |

| information board | सूचना बोर्ड (m) | sūchana bord |
| information | सूचना (f) | sūchana |

to announce (vt)	घोषणा करना	ghoshana karana
flight (e.g. next ~)	फ्लाइट (f)	flait
customs	सीमाशुल्क कार्यालय (m)	sīmāshulk kāryālay
customs officer	सीमाशुल्क अधिकारी (m)	sīmāshulk adhikārī
customs declaration	सीमाशुल्क घोषणा (f)	sīmāshulk ghoshana
to fill in the declaration	सीमाशुल्क घोषणा भरना	sīmāshulk ghoshana bharana
passport control	पास्पोर्ट जांच (f)	pāsport jānch
luggage	सामान (m)	sāmān
hand luggage	दस्ती सामान (m)	dastī sāmān
luggage trolley	सामान के लिये गाड़ी (f)	sāmān ke liye gārī
landing	विमानारोहण (m)	vimānārohan
landing strip	विमानारोहण मार्ग (m)	vimānārohan mārg
to land (vi)	उतरना	utarana
airstair (passenger stair)	सीढ़ी (f)	sīrhī
check-in	चेक-इन (m)	chek-in
check-in counter	चेक-इन डेस्क (m)	chek-in desk
to check-in (vi)	चेक-इन करना	chek-in karana
boarding card	बोर्डिंग पास (m)	bording pās
departure gate	प्रस्थान गेट (m)	prasthān get
transit	पारवहन (m)	pāravahan
to wait (vt)	इंतज़ार करना	intazār karana
departure lounge	प्रतीक्षालय (m)	pratīkshālay
to see off	विदा करना	vida karana
to say goodbye	विदा कहना	vida kahana

Life events

109. Holidays. Event

celebration, holiday	त्योहार (m)	tyohār
national day	राष्ट्रीय त्योहार (m)	rāshtrīy tyohār
public holiday	त्योहार का दिन (m)	tyohār ka din
to commemorate (vt)	पुण्यस्मरण करना	punyasmaran karana
event (happening)	घटना (f)	ghatana
event (organized activity)	आयोजन (m)	āyojan
banquet (party)	राजभोज (m)	rājabhoj
reception (formal party)	दावत (f)	dāvat
feast	दावत (f)	dāvat
anniversary	वर्षगांठ (m)	varshagānth
jubilee	वर्षगांठ (m)	varshagānth
to celebrate (vt)	मनाना	manāna
New Year	नव वर्ष (m)	nav varsh
Happy New Year!	नव वर्ष की शुभकामना!	nav varsh kī shubhakāmana!
Father Christmas	सांता क्लॉज़ (m)	sānta kloz
Christmas	बड़ा दिन (m)	bara din
Merry Christmas!	क्रिसमस की शुभकामनाएं!	krisamas kī shubhakāmanaen!
Christmas tree	क्रिस्मस ट्री (m)	krismas trī
fireworks (fireworks show)	अग्नि क्रीड़ा (f)	agni krīra
wedding	शादी (f)	shādī
groom	दुल्हा (m)	dulha
bride	दुल्हन (f)	dulhan
to invite (vt)	आमंत्रित करना	āmantrit karana
invitation card	निमंत्रण पत्र (m)	nimantran patr
guest	मेहमान (m)	mehamān
to visit (~ your parents, etc.)	मिलने जाना	milane jāna
to meet the guests	मेहमानों से मिलना	mehamānon se milana
gift, present	उपहार (m)	upahār
to give (sth as present)	उपहार देना	upahār dena
to receive gifts	उपहार मिलना	upahār milana
bouquet (of flowers)	गुलदस्ता (m)	guladasta
congratulations	बधाई (f)	badhaī
to congratulate (vt)	बधाई देना	badhaī dena
greetings card	बधाई पोस्टकार्ड (m)	badhaī postakārd
to send a postcard	पोस्टकार्ड भेजना	postakārd bhejana

to get a postcard	पोस्टकार्ड पाना	postakārd pāna
toast	टोस्ट (m)	tost
to offer (a drink, etc.)	ऑफ़र करना	ofar karana
champagne	शैम्पेन (f)	shaimpen
to enjoy oneself	मज़े करना	maze karana
merriment (gaiety)	आमोद (m)	āmod
joy (emotion)	खुशी (f)	khushī
dance	नाच (m)	nāch
to dance (vi, vt)	नाचना	nāchana
waltz	वॉल्ट्ज़ (m)	voltz
tango	टैंगो (m)	taingo

110. Funerals. Burial

cemetery	क़ब्रिस्तान (m)	kabristān
grave, tomb	कब्र (m)	kabr
cross	क्रॉस (m)	kros
gravestone	समाधि शिला (f)	sāmādhi shila
fence	बाड़ (f)	bār
chapel	चैपल (m)	chaipal
death	मृत्यु (f)	mrtyu
to die (vi)	मरना	marana
the deceased	मृतक (m)	mrtak
mourning	शोक (m)	shok
to bury (vt)	दफनाना	dafanāna
undertakers	दफ़नालय (m)	dafanālay
funeral	अंतिम संस्कार (m)	antim sanskār
wreath	फूलमाला (f)	fūlamāla
coffin	ताबूत (m)	tābūt
hearse	शव मंच (m)	shav manch
shroud	कफन (m)	kafan
funerary urn	भस्मी कलश (m)	bhasmī kalash
crematorium	दाहगृह (m)	dāhagrh
obituary	निधन सूचना (f)	nidhan sūchana
to cry (weep)	रोना	rona
to sob (vi)	रोना	rona

111. War. Soldiers

platoon	दस्ता (m)	dasta
company	कंपनी (f)	kampanī
regiment	रेजीमेंट (f)	rejīment
army	सेना (f)	sena
division	डिवीज़न (m)	divīzan

section, squad	दल (m)	dal
host (army)	फौज (m)	fauj
soldier	सिपाही (m)	sipāhī
officer	अफ़सर (m)	afsar
private	सैनिक (m)	sainik
sergeant	सार्जेंट (m)	sārjent
lieutenant	लेफ्टिनेंट (m)	leftinent
captain	कप्तान (m)	kaptān
major	मेजर (m)	mejar
colonel	कर्नल (m)	karnal
general	जनरल (m)	janaral
sailor	मल्लाह (m)	mallāh
captain	कप्तान (m)	kaptān
boatswain	बोसुन (m)	bosun
artilleryman	तोपची (m)	topachī
paratrooper	पैराट्रूपर (m)	pairātrūpar
pilot	पाइलट (m)	pailat
navigator	नैवीगेटर (m)	naivīgetar
mechanic	मैकेनिक (m)	maikenik
pioneer (sapper)	सैपर (m)	saipar
parachutist	छतरीबाज़ (m)	chhatarībāz
reconnaissance scout	जासूस (m)	jāsūs
sniper	निशानची (m)	nishānachī
patrol (group)	गश्त (m)	gasht
to patrol (vt)	गश्त लगाना	gasht lagāna
sentry, guard	प्रहरी (m)	praharī
warrior	सैनिक (m)	sainik
patriot	देशभक्त (m)	deshabhakt
hero	हिरो (m)	hiro
heroine	हिरोइन (f)	hiroin
traitor	गद्दार (m)	gaddār
deserter	भगोड़ा (m)	bhagora
to desert (vi)	भाग जाना	bhāg jāna
mercenary	भाड़े का सैनिक (m)	bhāre ka sainik
recruit	रंगरूट (m)	rangarūt
volunteer	स्वयंसेवी (m)	svayansevī
dead (n)	मृतक (m)	mrtak
wounded (n)	घायल (m)	ghāyal
prisoner of war	युद्ध क़ैदी (m)	yuddh qaidī

112. War. Military actions. Part 1

war	युद्ध (m)	yuddh
to be at war	युद्ध करना	yuddh karana

civil war	गृहयुद्ध (m)	grhayuddh
treacherously (adv)	विश्वासघाती ढंग से	vishvāsaghātī dhang se
declaration of war	युद्ध का एलान (m)	yuddh ka elān
to declare (~ war)	एलान करना	elān karana
aggression	हमला (m)	hamala
to attack (invade)	हमला करना	hamala karana
to invade (vt)	हमला करना	hamala karana
invader	आक्रमणकारी (m)	ākramanakārī
conqueror	विजेता (m)	vijeta
defence	हिफ़ाज़त (f)	hifāzat
to defend (a country, etc.)	हिफ़ाज़त करना	hifāzat karana
to defend (against …)	के विरुद्ध हिफ़ाज़त करना	ke virūddh hifāzat karana
enemy	दुश्मन (m)	dushman
foe, adversary	विपक्ष (m)	vipaksh
enemy (as adj)	दुश्मनों का	dushmanon ka
strategy	रणनीति (f)	rananīti
tactics	युक्ति (f)	yukti
order	हुक्म (m)	hukm
command (order)	आज्ञा (f)	āgya
to order (vt)	हुक्म देना	hukm dena
mission	मिशन (m)	mishan
secret (adj)	गुप्त	gupt
battle	लड़ाई (f)	laraī
combat	युद्ध (m)	yuddh
attack	आक्रमण (m)	ākraman
charge (assault)	धावा (m)	dhāva
to storm (vt)	धावा करना	dhāva karana
siege (to be under ~)	घेरा (m)	ghera
offensive (n)	आक्रमण (m)	ākraman
to go on the offensive	आक्रमण करना	ākraman karana
retreat	अपयान (m)	apayān
to retreat (vi)	अपयान करना	apayān karana
encirclement	घेराई (f)	gheraī
to encircle (vt)	घेरना	gherana
bombing (by aircraft)	बमबारी (f)	bamabārī
to drop a bomb	बम गिराना	bam girāna
to bomb (vt)	बमबारी करना	bamabārī karana
explosion	विस्फोट (m)	visfot
shot	गोली (m)	golī
to fire (~ a shot)	गोली चलाना	golī chalāna
firing (burst of ~)	गोलीबारी (f)	golībārī
to aim (to point a weapon)	निशाना लगाना	nishāna lagāna
to point (a gun)	निशाना बांधना	nishāna bāndhana

to hit (the target)	गोली मारना	golī mārana
to sink (~ a ship)	डुबाना	dubāna
hole (in a ship)	छेद (m)	chhed
to founder, to sink (vi)	डूबना	dūbana
front (war ~)	मोरचा (m)	moracha
evacuation	निकास (m)	nikās
to evacuate (vt)	निकास करना	nikās karana
barbed wire	कांटेदार तार (m)	kāntedār tār
barrier (anti tank ~)	बाड़ (m)	bār
watchtower	बुर्ज (m)	burj
military hospital	सैनिक अस्पताल (m)	sainik aspatāl
to wound (vt)	घायल करना	ghāyal karana
wound	घाव (m)	ghāv
wounded (n)	घायल (m)	ghāyal
to be wounded	घायल होना	ghāyal hona
serious (wound)	गम्भीर	gambhīr

113. War. Military actions. Part 2

captivity	क़ैद (f)	qaid
to take captive	क़ैद करना	qaid karana
to be held captive	क़ैद में रखना	qaid men rakhana
to be taken captive	क़ैद में लेना	qaid men lena
concentration camp	कन्सेंट्रेशन कैंप (m)	kansentreshan kaimp
prisoner of war	युद्ध-क़ैदी (m)	yuddh-qaidī
to escape (vi)	क़ैद से भाग जाना	qaid se bhāg jāna
to betray (vt)	गद्दारी करना	gaddārī karana
betrayer	गद्दार (m)	gaddār
betrayal	गद्दारी (f)	gaddārī
to execute (by firing squad)	फाँसी देना	fānsī dena
execution (by firing squad)	प्राणदण्ड (f)	prānadand
equipment (military gear)	फौजी पोशक (m)	faujī poshak
shoulder board	कंधे का फीता (m)	kandhe ka fīta
gas mask	गैस मास्क (m)	gais māsk
field radio	ट्रांस-रिसिवर (m)	trāns-risivar
cipher, code	गुसलेख (m)	guptalekh
secrecy	गुसता (f)	guptata
password	पासवर्ड (m)	pāsavard
land mine	बारूदी सुरंग (f)	bārūdī surang
to mine (road, etc.)	सुरंग खोदना	surang khodana
minefield	सुरंग-क्षेत्र (m)	surang-kshetr
air-raid warning	हवाई हमले की चेतावनी (f)	havaī hamale kī chetāvanī
alarm (alert signal)	चेतावनी (f)	chetāvanī
signal	सिग्नल (m)	signal

signal flare	सिग्नल रॉकेट (m)	signal roket
headquarters	सैनिक मुख्यालय (m)	sainik mukhyālay
reconnaissance	जासूसी देख-भाल (m)	jāsūsī dekh-bhāl
situation	हालत (f)	hālat
report	रिपोर्ट (m)	riport
ambush	घात (f)	ghāt
reinforcement (army)	बलवृद्धि (m)	balavrddhi
target	निशाना (m)	nishāna
training area	प्रशिक्षण क्षेत्र (m)	prashikshan kshetr
military exercise	युद्धाभ्यास (m pl)	yuddhābhyās
panic	भगदड़ (f)	bhagadar
devastation	तबाही (f)	tabāhī
destruction, ruins	विनाश (m pl)	vināsh
to destroy (vt)	नष्ट करना	nasht karana
to survive (vi, vt)	जीवित रहना	jīvit rahana
to disarm (vt)	निरस्त्र करना	nirastr karana
to handle (~ a gun)	हथियार चलाना	hathiyār chalāna
Attention!	सावधान!	sāvadhān!
At ease!	आराम!	ārām!
feat, act of courage	साहस का कार्य (m)	sāhas ka kāry
oath (vow)	शपथ (f)	shapath
to swear (an oath)	शपथ लेना	shapath lena
decoration (medal, etc.)	पदक (m)	padak
to award (give a medal to)	इनाम देना	inām dena
medal	मेडल (m)	medal
order (e.g. ~ of Merit)	आर्डर (m)	ārdar
victory	विजय (m)	vijay
defeat	हार (f)	hār
armistice	युद्धविराम (m)	yuddhavirām
standard (battle flag)	झंडा (m)	jhanda
glory (honour, fame)	प्रताप (m)	pratāp
parade	परेड (m)	pared
to march (on parade)	मार्च करना	mārch karana

114. Weapons

weapons	हथियार (m)	hathiyār
firearms	हथियार (m)	hathiyār
cold weapons (knives, etc.)	पैने हथियार (m)	paine hathiyār
chemical weapons	रसायनिक शस्त्र (m)	rasāyanik shastr
nuclear (adj)	आण्विक	ānvik
nuclear weapons	आण्विक-शस्त्र (m)	ānvik-shastr
bomb	बम (m)	bam
atomic bomb	परमाणु बम (m)	paramānu bam

pistol (gun)	पिस्तौल (m)	pistaul
rifle	बंदूक (m)	bandūk
submachine gun	टामी गन (f)	tāmī gan
machine gun	मशीन गन (f)	mashīn gan
muzzle	नालमुख (m)	nālamukh
barrel	नाल (m)	nāl
calibre	नली का व्यास (m)	nalī ka vyās
trigger	घोड़ा (m)	ghora
sight (aiming device)	लक्षक (m)	lakshak
magazine	मैगज़ीन (m)	maigazīn
butt (shoulder stock)	कुंदा (m)	kunda
hand grenade	ग्रेनेड (m)	grened
explosive	विस्फोटक (m)	visfotak
bullet	गोली (f)	golī
cartridge	कारतूस (m)	kāratūs
charge	गति (f)	gati
ammunition	गोला बारूद (m pl)	gola bārūd
bomber (aircraft)	बमबार (m)	bamabār
fighter	लड़ाकू विमान (m)	larākū vimān
helicopter	हेलिकॉप्टर (m)	helikoptar
anti-aircraft gun	विमान-विध्वंस तोप (f)	vimān-vidhvans top
tank	टैंक (m)	taink
tank gun	तोप (m)	top
artillery	तोपें (m)	topen
to lay (a gun)	निशाना बांधना	nishāna bāndhana
shell (projectile)	गोला (m)	gola
mortar bomb	मोर्टार बम (m)	mortār bam
mortar	मोर्टार (m)	mortār
splinter (shell fragment)	किरच (m)	kirach
submarine	पनडुब्बी (f)	panadubbī
torpedo	टोरपीडो (m)	torapīdo
missile	रॉकेट (m)	roket
to load (gun)	बंदूक भरना	bandūk bharana
to shoot (vi)	गोली चलाना	golī chalāna
to point at (the cannon)	निशाना लगाना	nishāna lagāna
bayonet	किरच (m)	kirich
rapier	खंजर (m)	khanjar
sabre (e.g. cavalry ~)	कृपाण (m)	krpān
spear (weapon)	भाला (m)	bhāla
bow	धनुष (m)	dhanush
arrow	बाण (m)	bān
musket	मसकट (m)	masakat
crossbow	क्रॉसबो (m)	krosabo

115. Ancient people

primitive (prehistoric)	आदिकालीन	ādikālīn
prehistoric (adj)	प्रागैतिहासिक	prāgaitihāsik
ancient (~ civilization)	प्राचीन	prāchīn
Stone Age	पाषाण युग (m)	pāshān yug
Bronze Age	कांस्य युग (m)	kānsy yug
Ice Age	हिम युग (m)	him yug
tribe	जनजाति (f)	janajāti
cannibal	नरभक्षी (m)	narabhakshī
hunter	शिकारी (m)	shikārī
to hunt (vi, vt)	शिकार करना	shikār karana
mammoth	प्राचीन युग हाथी (m)	prāchīn yug hāthī
cave	गुफ़ा (f)	gufa
fire	अग्नि (m)	agni
campfire	अलाव (m)	alāv
cave painting	शिला चित्र (m)	shila chitr
tool (e.g. stone axe)	औज़ार (m)	auzār
spear	भाला (m)	bhāla
stone axe	पत्थर की कुल्हाड़ी (f)	patthar kī kulhārī
to be at war	युद्ध पर होना	yuddh par hona
to domesticate (vt)	जानवरों को पालतू बनाना	jānavaron ko pālatū banāna
idol	मूर्ति (f)	mūrti
to worship (vt)	पूजना	pūjana
superstition	अंधविश्वास (m)	andhavishvās
rite	अनुष्ठान (m)	anushthān
evolution	उद्भव (m)	udbhav
development	विकास (m)	vikās
disappearance (extinction)	गायब (m)	gāyab
to adapt oneself	अनुकूल बनाना	anukūl banāna
archaeology	पुरातत्व (m)	purātatv
archaeologist	पुरातत्वविद (m)	purātatvavid
archaeological (adj)	पुरातात्विक	purātātvik
excavation site	खुदाई क्षेत्र (m pl)	khudaī kshetr
excavations	उत्खनन (f)	utkhanan
find (object)	खोज (f)	khoj
fragment	टुकड़ा (m)	tukara

116. Middle Ages

people (ethnic group)	लोग (m)	log
peoples	लोग (m pl)	log
tribe	जनजाति (f)	janajāti
tribes	जनजातियाँ (f pl)	janajātiyān
barbarians	बर्बर (m pl)	barbar

Gauls	गॉल्स (m pl)	gols
Goths	गोथ्स (m pl)	goths
Slavs	स्लैव्स (m pl)	slaivs
Vikings	वाइकिंग्स (m pl)	vaikings
Romans	रोमन (m pl)	roman
Roman (adj)	रोमन	roman
Byzantines	बाइज़ेंटीनी (m pl)	baizentīnī
Byzantium	बाइज़ेंटीयम (m)	baizentīyam
Byzantine (adj)	बाइज़ेंटीन	baizentīn
emperor	सम्राट् (m)	samrāt
leader, chief (tribal ~)	सरदार (m)	saradār
powerful (~ king)	प्रबल	prabal
king	बादशाह (m)	bādashāh
ruler (sovereign)	शासक (m)	shāsak
knight	योद्धा (m)	yoddha
feudal lord	सामंत (m)	sāmant
feudal (adj)	सामंतिक	sāmantik
vassal	जागीरदार (m)	jāgīradār
duke	ड्यूक (m)	dyūk
earl	अर्ल (m)	arl
baron	बैरन (m)	bairan
bishop	बिशप (m)	bishap
armour	कवच (m)	kavach
shield	ढाल (m)	dhāl
sword	तलवार (f)	talavār
visor	मुखावरण (m)	mukhāvaran
chainmail	कवच (m)	kavach
Crusade	धर्मयुद्ध (m)	dharmayuddh
crusader	धर्मयोद्धा (m)	dharmayoddha
territory	प्रदेश (m)	pradesh
to attack (invade)	हमला करना	hamala karana
to conquer (vt)	जीतना	jītana
to occupy (invade)	कब्ज़ा करना	kabza karana
siege (to be under ~)	घेरा (m)	ghera
besieged (adj)	घेरा हुआ	ghera hua
to besiege (vt)	घेरना	gherana
inquisition	न्यायिक जांच (m)	nyāyik jānch
inquisitor	न्यायिक जांचकर्ता (m)	nyāyik jānchakarta
torture	घोर शारीरिक यंत्रणा (f)	ghor sharīrik yantrana
cruel (adj)	निर्दयी	nirdayī
heretic	विधर्मी (m)	vidharmī
heresy	विधर्म (m)	vidharm
seafaring	जहाज़रानी (f)	jahāzarānī
pirate	समुद्री लुटेरा (m)	samudrī lūtera
piracy	समुद्री डकैती (f)	samudrī dakaitī

boarding (attack)	बोर्डिंग (m)	bording
loot, booty	लूट का माल (m)	lūt ka māl
treasure	खज़ाना (m)	khazāna

discovery	खोज (f)	khoj
to discover (new land, etc.)	नई ज़मीन खोजना	naī zamīn khojana
expedition	अभियान (m)	abhiyān

musketeer	बंदूक धारी सिपाही (m)	bandūk dhārī sipāhī
cardinal	कार्डिनल (m)	kārdinal
heraldry	शौर्यशास्त्र (f)	shauryashāstr
heraldic (adj)	हेरल्डिक	heraldik

117. Leader. Chief. Authorities

king	बादशाह (m)	bādashāh
queen	महारानी (f)	mahārānī
royal (adj)	राजसी	rājasī
kingdom	राज्य (m)	rājy

| prince | राजकुमार (m) | rājakumār |
| princess | राजकुमारी (f) | rājakumārī |

president	राष्ट्रपति (m)	rāshtrapati
vice-president	उपराष्ट्रपति (m)	uparāshtrapati
senator	सांसद (m)	sānsad

monarch	सम्राट (m)	samrāt
ruler (sovereign)	शासक (m)	shāsak
dictator	तानाशाह (m)	tānāshāh
tyrant	तानाशाह (m)	tānāshāh
magnate	रईस (m)	raīs

director	निदेशक (m)	nideshak
chief	मुखिया (m)	mukhiya
manager (director)	मैनेजर (m)	mainejar
boss	साहब (m)	sāhab
owner	मालिक (m)	mālik

head (~ of delegation)	मुखिया (m)	mukhiya
authorities	अधिकारी वर्ग (m pl)	adhikārī varg
superiors	अधिकारी (m)	adhikārī

governor	राज्यपाल (m)	rājyapāl
consul	वाणिज्य-दूत (m)	vānijy-dūt
diplomat	राजनयिक (m)	rājanayik

| mayor | महापालिकाध्यक्ष (m) | mahāpālikādhyaksh |
| sheriff | प्रधान हाकिम (m) | pradhān hākim |

emperor	सम्राट (m)	samrāt
tsar, czar	राजा (m)	rāja
pharaoh	फ़िरौन (m)	firaun
khan	ख़ान (m)	khān

118. Breaking the law. Criminals. Part 1

bandit	डाकू (m)	dākū
crime	जुर्म (m)	jurm
criminal (person)	अपराधी (m)	aparādhī

| thief | चोर (m) | chor |
| stealing, theft | चोरी (f) | chorī |

to kidnap (vt)	अपहरण करना	apaharan karana
kidnapping	अपहरण (m)	apaharan
kidnapper	अपहरणकर्ता (m)	apaharanakartta

| ransom | फ़िरौती (f) | firautī |
| to demand ransom | फ़िरौती मांगना | firautī māngana |

| to rob (vt) | लूटना | lūtana |
| robber | लुटेरा (m) | lutera |

to extort (vt)	ऐंठना	ainthana
extortionist	वसूलिकर्ता (m)	vasūlikarta
extortion	जबरन वसूली (m)	jabaran vasūlī

to murder, to kill	मारना	mārana
murder	हत्या (f)	hatya
murderer	हत्यारा (m)	hatyāra

gunshot	गोली (m)	golī
to fire (~ a shot)	गोली चलाना	golī chalāna
to shoot to death	गोली मारकर हत्या करना	golī mārakar hatya karana
to shoot (vi)	गोली चलाना	golī chalāna
shooting	गोलीबारी (f)	golībārī

incident (fight, etc.)	घटना (f)	ghatana
fight, brawl	झगड़ा (m)	jhagara
Help!	बचाओ!	bachao!
victim	शिकार (m)	shikār

to damage (vt)	हानि पहुँचाना	hāni pahunchāna
damage	नुक्सान (m)	nuksān
dead body, corpse	शव (m)	shav
grave (~ crime)	गंभीर	gambhīr

to attack (vt)	आक्रमण करना	ākraman karana
to beat (to hit)	पीटना	pītana
to beat up	पीट जाना	pīt jāna
to take (rob of sth)	लूटना	lūtana
to stab to death	चाकू से मार डालना	chākū se mār dālana
to maim (vt)	अपाहिज करना	apāhij karana
to wound (vt)	घाव करना	ghāv karana

blackmail	ब्लैकमेल (m)	blaikamel
to blackmail (vt)	धमकी से रुपया ऐंठना	dhamakī se rupaya ainthana
blackmailer	ब्लैकमेलर (m)	blaikamelar
protection racket	ठग व्यापार (m)	thag vyāpār

racketeer	ठग व्यापारी (m)	thag vyāpārī
gangster	गैंगस्टर (m)	gaingastar
mafia	माफ़िया (f)	māfiya
pickpocket	जेबकतरा (m)	jebakatara
burglar	सेंधमार (m)	sendhamār
smuggling	तस्करी (m)	taskarī
smuggler	तस्कर (m)	taskar
forgery	जालसाज़ी (f)	jālasāzī
to forge (counterfeit)	जलसाज़ी करना	jalasāzī karana
fake (forged)	नक़ली	naqalī

119. Breaking the law. Criminals. Part 2

rape	बलात्कार (m)	balātkār
to rape (vt)	बलात्कार करना	balātkār karana
rapist	बलात्कारी (m)	balātkārī
maniac	कामोन्मादी (m)	kāmonmādī
prostitute (fem.)	वैश्या (f)	vaishya
prostitution	वेश्यावृत्ति (m)	veshyāvrtti
pimp	भड़ुआ (m)	bharua
drug addict	नशेबाज़ (m)	nashebāz
drug dealer	नशीली दवा के विक्रेता (m)	nashīlī dava ke vikreta
to blow up (bomb)	विस्फोट करना	visfot karana
explosion	विस्फोट (m)	visfot
to set fire	आग जलाना	āg jalāna
arsonist	आग जलानेवाला (m)	āg jalānevāla
terrorism	आतंकवाद (m)	ātankavād
terrorist	आतंकवादी (m)	ātankavādī
hostage	बंधक (m)	bandhak
to swindle (deceive)	धोखा देना	dhokha dena
swindle, deception	धोखा (m)	dhokha
swindler	धोखेबाज़ (m)	dhokhebāz
to bribe (vt)	रिश्वत देना	rishvat dena
bribery	रिश्वतखोरी (m)	rishvatakhorī
bribe	रिश्वत (m)	rishvat
poison	ज़हर (m)	zahar
to poison (vt)	ज़हर खिलाना	zahar khilāna
to poison oneself	ज़हर खाना	zahar khāna
suicide (act)	आत्महत्या (f)	ātmahatya
suicide (person)	आत्महत्यारा (m)	ātmahatyāra
to threaten (vt)	धमकाना	dhamakāna
threat	धमकी (f)	dhamakī
to make an attempt	प्रयत्न करना	prayatn karana

attempt (attack)	हत्या का प्रयत्न (m)	hatya ka prayatn
to steal (a car)	चुराना	churāna
to hijack (a plane)	विमान का अपहरण करना	vimān ka apaharan karana
revenge	बदला (m)	badala
to avenge (get revenge)	बदला लेना	badala lena
to torture (vt)	घोर शारीरिक यंत्रणा पहुँचाना	ghor sharīrik yantrana pahunchāna
torture	घोर शारीरिक यंत्रणा (f)	ghor sharīrik yantrana
to torment (vt)	सताना	satāna
pirate	समुद्री लूटेरा (m)	samudrī lūtera
hooligan	बदमाश (m)	badamāsh
armed (adj)	सशस्त्र	sashastr
violence	अत्याचार (m)	atyachār
spying (espionage)	जासूसी (f)	jāsūsī
to spy (vi)	जासूसी करना	jāsūsī karana

120. Police. Law. Part 1

justice	मुकदमा (m)	muqadama
court (see you in ~)	न्यायालय (m)	nyāyālay
judge	न्यायाधीश (m)	nyāyādhīsh
jurors	जूरी सदस्य (m pl)	jūrī sadasy
jury trial	जूरी (f)	jūrī
to judge, to try (vt)	मुकदमा सुनना	muqadama sunana
lawyer, barrister	वकील (m)	vakīl
defendant	मुलज़िम (m)	mulazim
dock	अदालत का कठघरा (m)	adālat ka kathaghara
charge	आरोप (m)	ārop
accused	मुलज़िम (m)	mulazim
sentence	निर्णय (m)	nirnay
to sentence (vt)	निर्णय करना	nirnay karana
guilty (culprit)	दोषी (m)	doshī
to punish (vt)	सज़ा देना	saza dena
punishment	सज़ा (f)	saza
fine (penalty)	जुर्माना (m)	jurmāna
life imprisonment	आजीवन कारावास (m)	ājīvan karāvās
death penalty	मृत्युदंड (m)	mrtyudand
electric chair	बिजली की कुर्सी (f)	bijalī kī kursī
gallows	फांसी का तख्ता (m)	fānsī ka takhta
to execute (vt)	फांसी देना	fānsī dena
execution	मौत की सज़ा (f)	maut kī saza
prison	जेल (f)	jel
cell	जेल का कमरा (m)	jel ka kamara

escort (convoy)	अनुरक्षक दल (m)	anurakshak dal
prison officer	जेल का पहरेदार (m)	jel ka paharedār
prisoner	क़ैदी (m)	qaidī
handcuffs	हथकड़ी (f)	hathakarī
to handcuff (vt)	हथकड़ी लगाना	hathakarī lagāna
prison break	काराभंग (m)	kārābhang
to break out (vi)	जेल से फरार हो जाना	jel se farār ho jāna
to disappear (vi)	ग़ायब हो जाना	gāyab ho jāna
to release (from prison)	जेल से आज़ाद होना	jel se āzād hona
amnesty	राजक्षमा (f)	rājakshama
police	पुलिस (m)	pulis
police officer	पुलिसवाला (m)	pulisavāla
police station	थाना (m)	thāna
truncheon	रबड़ की लाठी (f)	rabar kī lāthī
megaphone (loudhailer)	मेगाफ़ोन (m)	megāfon
patrol car	गश्त कार (f)	gasht kār
siren	साइरन (f)	sairan
to turn on the siren	साइरन बजाना	sairan bajāna
siren call	साइरन की चिल्लाहट (m)	sairan kī chillāhat
crime scene	घटना स्थल (m)	ghatana sthal
witness	गवाह (m)	gavāh
freedom	आज़ादी (f)	āzādī
accomplice	सह अपराधी (m)	sah aparādhī
to flee (vi)	भाग जाना	bhāg jāna
trace (to leave a ~)	निशान (m)	nishān

121. Police. Law. Part 2

search (investigation)	तफ़तीश (f)	tafatīsh
to look for ...	तफ़तीश करना	tafatīsh karana
suspicion	शक (m)	shak
suspicious (e.g., ~ vehicle)	शक करना	shak karana
to stop (cause to halt)	रोकना	rokana
to detain (keep in custody)	रोक के रखना	rok ke rakhana
case (lawsuit)	मुकदमा (m)	mukadama
investigation	जांच (f)	jānch
detective	जासूस (m)	jāsūs
investigator	जांचकर्ता (m)	jānchakartta
hypothesis	अंदाज़ा (m)	andāza
motive	वजह (f)	vajah
interrogation	पूछताछ (f)	pūchhatāchh
to interrogate (vt)	पूछताछ करना	pūchhatāchh karana
to question (~ neighbors, etc.)	पूछताछ करना	puchhatāchh karana
check (identity ~)	जांच (f)	jānch
round-up (raid)	घेराव (m)	gherāv
search (~ warrant)	तलाशी (f)	talāshī

chase (pursuit)	पीछा (m)	pīchha
to pursue, to chase	पीछा करना	pīchha karana
to track (a criminal)	खोज निकालना	khoj nikālana
arrest	गिरफ़्तारी (f)	giraftārī
to arrest (sb)	गिरफ़्तार करना	giraftār karana
to catch (thief, etc.)	पकड़ना	pakarana
capture	पकड़ (m)	pakar
document	दस्तावेज़ (m)	dastāvez
proof (evidence)	सबूत (m)	sabūt
to prove (vt)	साबित करना	sābit karana
footprint	पैरों के निशान (m)	pairon ke nishān
fingerprints	उंगलियों के निशान (m)	ungaliyon ke nishān
piece of evidence	सबूत (m)	sabūt
alibi	अन्यत्रता (m)	anyatrata
innocent (not guilty)	बेगुनाह	begunāh
injustice	अन्याय (m)	anyāy
unjust, unfair (adj)	अन्यायपूर्ण	anyāyapūrn
criminal (adj)	आपराधिक	āparādhik
to confiscate (vt)	कुर्क करना	kurk karana
drug (illegal substance)	अवैध पदार्थ (m)	avaidh padārth
weapon, gun	हथियार (m)	hathiyār
to disarm (vt)	निरस्त्र करना	nirastr karana
to order (command)	हुक्म देना	hukm dena
to disappear (vi)	ग़ायब होना	gāyab hona
law	कानून (m)	kānūn
legal, lawful (adj)	कानूनी	kānūnī
illegal, illicit (adj)	अवैध	avaidh
responsibility (blame)	ज़िम्मेदारी (f)	zimmedārī
responsible (adj)	ज़िम्मेदार	zimmedār

NATURE

The Earth. Part 1

122. Outer space

space	अंतरिक्ष (m)	antariksh
space (as adj)	अंतरिक्षीय	antarikshīy
outer space	अंतरिक्ष (m)	antariksh
world, universe	ब्रह्माण्ड (m)	brahmānd
galaxy	आकाशगंगा (f)	ākāshaganga
star	सितारा (m)	sitāra
constellation	नक्षत्र (m)	nakshatr
planet	ग्रह (m)	grah
satellite	उपग्रह (m)	upagrah
meteorite	उल्का पिंड (m)	ulka pind
comet	पुच्छल तारा (m)	puchchhal tāra
asteroid	ग्रहिका (f)	grahika
orbit	ग्रहपथ (m)	grahapath
to revolve (~ around the Earth)	चक्कर लगाना	chakkar lagana
atmosphere	वातावरण (m)	vātāvaran
the Sun	सूरज (m)	sūraj
solar system	सौर प्रणाली (f)	saur pranālī
solar eclipse	सूर्य ग्रहण (m)	sūry grahan
the Earth	पृथ्वी (f)	prthvī
the Moon	चांद (m)	chānd
Mars	मंगल (m)	mangal
Venus	शुक्र (m)	shukr
Jupiter	बृहस्पति (m)	brhaspati
Saturn	शनि (m)	shani
Mercury	बुध (m)	budh
Uranus	अरुण (m)	arun
Neptune	वरुण (m)	varūn
Pluto	प्लूटो (m)	plūto
Milky Way	आकाश गंगा (f)	ākāsh ganga
Great Bear (Ursa Major)	सप्तर्षिमंडल (m)	saptarshimandal
North Star	ध्रुव तारा (m)	dhruv tāra
Martian	मंगल ग्रह का निवासी (m)	mangal grah ka nivāsī
extraterrestrial (n)	अन्य नक्षत्र का निवासी (m)	any nakshatr ka nivāsī

alien	अन्य नक्षत्र का निवासी (m)	any nakshatr ka nivāsī
flying saucer	उड़न तश्तरी (f)	uran tashtarī
spaceship	अंतरिक्ष विमान (m)	antariksh vimān
space station	अंतरिक्ष अड्डा (m)	antariksh adda
blast-off	चालू करना (m)	chālū karana
engine	इंजन (m)	injan
nozzle	नोज़ल (m)	nozal
fuel	ईंधन (m)	īndhan
cockpit, flight deck	केबिन (m)	kebin
aerial	एरियल (m)	eriyal
porthole	विमान गवाक्ष (m)	vimān gavāksh
solar panel	सौर पेनल (m)	saur penal
spacesuit	अंतरिक्ष पोशाक (m)	antariksh poshāk
weightlessness	भारहीनता (m)	bhārahīnata
oxygen	आक्सीजन (m)	āksījan
docking (in space)	डॉकिंग (f)	doking
to dock (vi, vt)	डॉकिंग करना	doking karana
observatory	वेधशाला (m)	vedhashāla
telescope	दूरबीन (f)	dūrabīn
to observe (vt)	देखना	dekhana
to explore (vt)	जाँचना	jānchana

123. The Earth

the Earth	पृथ्वी (f)	prthvī
the globe (the Earth)	गोला (m)	gola
planet	ग्रह (m)	grah
atmosphere	वातावरण (m)	vātāvaran
geography	भूगोल (m)	bhūgol
nature	प्रकृति (f)	prakrti
globe (table ~)	गोलक (m)	golak
map	नक्शा (m)	naksha
atlas	मानचित्रावली (f)	mānachitrāvalī
Europe	यूरोप (m)	yūrop
Asia	एशिया (f)	eshiya
Africa	अफ्रीका (m)	afrīka
Australia	ऑस्ट्रेलिया (m)	ostreliya
America	अमेरिका (f)	amerika
North America	उत्तरी अमेरिका (f)	uttarī amerika
South America	दक्षिणी अमेरिका (f)	dakshinī amerika
Antarctica	अंटार्कटिक (m)	antārkatik
the Arctic	आर्कटिक (m)	ārkatik

124. Cardinal directions

north	उतर (m)	uttar
to the north	उतर की ओर	uttar kī or
in the north	उतर में	uttar men
northern (adj)	उतरी	uttarī
south	दक्षिण (m)	dakshin
to the south	दक्षिण की ओर	dakshin kī or
in the south	दक्षिण में	dakshin men
southern (adj)	दक्षिणी	dakshinī
west	पश्चिम (m)	pashchim
to the west	पश्चिम की ओर	pashchim kī or
in the west	पश्चिम में	pashchim men
western (adj)	पश्चिमी	pashchimī
east	पूर्व (m)	pūrv
to the east	पूर्व की ओर	pūrv kī or
in the east	पूर्व में	pūrv men
eastern (adj)	पूर्वी	pūrvī

125. Sea. Ocean

sea	सागर (m)	sāgar
ocean	महासागर (m)	mahāsāgar
gulf (bay)	खाड़ी (f)	khāṛī
straits	जलग्रीवा (m)	jalagrīva
continent (mainland)	महाद्वीप (m)	mahādvīp
island	द्वीप (m)	dvīp
peninsula	प्रायद्वीप (m)	prāyadvīp
archipelago	द्वीप समूह (m)	dvīp samūh
bay, cove	तट-खाड़ी (f)	tat-khāṛī
harbour	बंदरगाह (m)	bandaragāh
lagoon	लैगून (m)	laigūn
cape	अंतरीप (m)	antarīp
atoll	एटोल (m)	etol
reef	रीफ़ (m)	rīf
coral	प्रवाल (m)	pravāl
coral reef	प्रवाल रीफ़ (m)	pravāl rīf
deep (adj)	गहरा	gahara
depth (deep water)	गहराई (f)	gaharaī
abyss	रसातल (m)	rasātal
trench (e.g. Mariana ~)	गढ़ा (m)	garha
current (Ocean ~)	धारा (f)	dhāra
to surround (bathe)	घिरा होना	ghira hona
shore	किनारा (m)	kināra
coast	तटबंध (m)	tatabandh

flow (flood tide)	ज्वार (m)	jvār
ebb (ebb tide)	भाटा (m)	bhāta
shoal	रेती (m)	retī
bottom (~ of the sea)	तला (m)	tala
wave	तरंग (f)	tarang
crest (~ of a wave)	तरंग शिखर (f)	tarang shikhar
spume (sea foam)	झाग (m)	jhāg
hurricane	तुफ़ान (m)	tufān
tsunami	सुनामी (f)	sunāmī
calm (dead ~)	शांत (m)	shānt
quiet, calm (adj)	शांत	shānt
pole	ध्रुव (m)	dhruv
polar (adj)	ध्रुवीय	dhruvīy
latitude	अक्षांश (m)	akshānsh
longitude	देशान्तर (m)	deshāntar
parallel	समांतर-रेखा (f)	samāntar-rekha
equator	भूमध्य रेखा (f)	bhūmadhy rekha
sky	आकाश (f)	ākāsh
horizon	क्षितिज (m)	kshitij
air	हवा (f)	hava
lighthouse	प्रकाशस्तंभ (m)	prakāshastambh
to dive (vi)	गोता मारना	gota mārana
to sink (ab. boat)	डूब जाना	dūb jāna
treasure	ख़ज़ाना (m)	khazāna

126. Seas & Oceans names

Atlantic Ocean	अटलांटिक महासागर (m)	atalāntik mahāsāgar
Indian Ocean	हिन्द महासागर (m)	hind mahāsāgar
Pacific Ocean	प्रशांत महासागर (m)	prashānt mahāsāgar
Arctic Ocean	उत्तरी ध्रुव महासागर (m)	uttarī dhuv mahāsāgar
Black Sea	काला सागर (m)	kāla sāgar
Red Sea	लाल सागर (m)	lāl sāgar
Yellow Sea	पीला सागर (m)	pīla sāgar
White Sea	सफ़ेद सागर (m)	safed sāgar
Caspian Sea	कैस्पियन सागर (m)	kaispiyan sāgar
Dead Sea	मृत सागर (m)	mrt sāgar
Mediterranean Sea	भूमध्य सागर (m)	bhūmadhy sāgar
Aegean Sea	ईजियन सागर (m)	ījiyan sāgar
Adriatic Sea	एड्रिएटिक सागर (m)	edrietik sāgar
Arabian Sea	अरब सागर (m)	arab sāgar
Sea of Japan	जापान सागर (m)	jāpān sāgar
Bering Sea	बेरिंग सागर (m)	bering sāgar
South China Sea	दक्षिण चीन सागर (m)	dakshin chīn sāgar

Coral Sea	कोरल सागर (m)	koral sāgar
Tasman Sea	तस्मान सागर (m)	tasmān sāgar
Caribbean Sea	करिबियन सागर (m)	karibiyan sāgar
Barents Sea	बैरेंट्स सागर (m)	bairents sāgar
Kara Sea	काड़ा सागर (m)	kāra sāgar
North Sea	उत्तर सागर (m)	uttar sāgar
Baltic Sea	बाल्टिक सागर (m)	bāltik sāgar
Norwegian Sea	नार्वे सागर (m)	nārve sāgar

127. Mountains

mountain	पहाड़ (m)	pahār
mountain range	पर्वत माला (f)	parvat māla
mountain ridge	पहाड़ों का सिलसिला (m)	pahāron ka silasila
summit, top	चोटी (f)	chotī
peak	शिखर (m)	shikhar
foot (~ of the mountain)	तलहटी (f)	talahatī
slope (mountainside)	ढलान (f)	dhalān
volcano	ज्वालामुखी (m)	jvālāmukhī
active volcano	सक्रिय ज्वालामुखी (m)	sakriy jvālāmukhī
dormant volcano	निष्क्रिय ज्वालामुखी (m)	nishkriy jvālāmukhī
eruption	विस्फोटन (m)	visfotan
crater	ज्वालामुखी का मुख (m)	jvālāmukhī ka mukh
magma	मैग्मा (m)	maigma
lava	लावा (m)	lāva
molten (~ lava)	पिघला हुआ	pighala hua
canyon	घाटी (m)	ghātī
gorge	तंग घाटी (f)	tang ghātī
crevice	दरार (m)	darār
pass, col	मार्ग (m)	mārg
plateau	पठार (m)	pathār
cliff	शिला (f)	shila
hill	टीला (m)	tīla
glacier	हिमनद (m)	himanad
waterfall	झरना (m)	jharana
geyser	उष्ण जल स्रोत (m)	ushn jal srot
lake	तालाब (m)	tālāb
plain	समतल प्रदेश (m)	samatal pradesh
landscape	परिदृश्य (m)	paridrshy
echo	गूँज (f)	gūnj
alpinist	पर्वतारोही (m)	parvatārohī
rock climber	पर्वतारोही (m)	parvatārohī
to conquer (in climbing)	चोटी पर पहुँचना	chotī par pahunchana
climb (an easy ~)	चढ़ाव (m)	charhāv

128. Mountains names

The Alps	आल्पस (m)	ālpas
Mont Blanc	मोन्ट ब्लैंक (m)	mont blaink
The Pyrenees	पाइरीनीज़ (f pl)	pairīnīz
The Carpathians	कार्पाथियेन्स (m)	kārpāthiyens
The Ural Mountains	यूरल (m)	yūral
The Caucasus Mountains	कोकेशिया के पहाड़ (m)	kokeshiya ke pahār
Mount Elbrus	एल्ब्रस पर्वत (m)	elbras parvat
The Altai Mountains	अल्टाई पर्वत (m)	altaī parvat
The Tian Shan	तियान शान (m)	tiyān shān
The Pamirs	पामीर पर्वत (m)	pāmīr parvat
The Himalayas	हिमालय (m)	himālay
Mount Everest	माउंट एवरेस्ट (m)	maunt evarest
The Andes	एंडीज़ (f pl)	endīz
Mount Kilimanjaro	किलीमन्जारो (m)	kilīmanjāro

129. Rivers

river	नदी (f)	nadī
spring (natural source)	झरना (m)	jharana
riverbed (river channel)	नदी तल (m)	nadī tal
basin (river valley)	बेसिन (m)	besin
to flow into ...	गिरना	girana
tributary	उपनदी (f)	upanadī
bank (river ~)	तट (m)	tat
current (stream)	धारा (f)	dhāra
downstream (adv)	बहाव के साथ	bahāv ke sāth
upstream (adv)	बहाव के विरुद्ध	bahāv ke virūddh
inundation	बाढ़ (f)	bārh
flooding	बाढ़ (f)	bārh
to overflow (vi)	उमड़ना	umarana
to flood (vt)	पानी से भरना	pānī se bharana
shallow (shoal)	छिछला पानी (m)	chhichhala pānī
rapids	तेज़ उतार (m)	tez utār
dam	बांध (m)	bāndh
canal	नहर (f)	nahar
reservoir (artificial lake)	जलाशय (m)	jalāshay
sluice, lock	स्लूस (m)	slūs
water body (pond, etc.)	जल स्रोत (m)	jal srot
swamp (marshland)	दलदल (f)	daladal
bog, marsh	दलदल (f)	daladal
whirlpool	भंवर (m)	bhanvar
stream (brook)	झरना (m)	jharana

drinking (ab. water)	पीने का	pīne ka
fresh (~ water)	ताज़ा	tāza
ice	बर्फ़ (m)	barf
to freeze over (ab. river, etc.)	जम जाना	jam jāna

130. Rivers names

Seine	सीन (f)	sīn
Loire	लॉयर (f)	loyar
Thames	थेम्स (f)	thems
Rhine	राइन (f)	rain
Danube	डेन्यूब (f)	denyūb
Volga	वोल्गा (f)	volga
Don	डॉन (f)	don
Lena	लेना (f)	lena
Yellow River	ह्वांग हे (f)	hvāng he
Yangtze	यांग्त्ज़ी (f)	yāngtzī
Mekong	मेकांग (f)	mekāng
Ganges	गंगा (f)	ganga
Nile River	नील (f)	nīl
Congo River	कांगो (f)	kāngo
Okavango River	ओकावान्गो (f)	okāvāngo
Zambezi River	ज़म्बेज़ी (f)	zambezī
Limpopo River	लिम्पोपो (f)	limpopo
Mississippi River	मिसिसिपी (f)	misisipī

131. Forest

forest, wood	जंगल (m)	jangal
forest (as adj)	जंगली	jangalī
thick forest	घना जंगल (m)	ghana jangal
grove	उपवान (m)	upavān
forest clearing	खुला छोटा मैदान (m)	khula chhota maidān
thicket	झाड़ियाँ (f pl)	jhāriyān
scrubland	झाड़ियों भरा मैदान (m)	jhāriyon bhara maidān
footpath (troddenpath)	फुटपाथ (m)	futapāth
gully	नाली (f)	nālī
tree	पेड़ (m)	per
leaf	पत्ता (m)	patta
leaves (foliage)	पत्तियां (f)	pattiyān
fall of leaves	पतझड़ (m)	patajhar
to fall (ab. leaves)	गिरना	girana

top (of the tree)	शिखर (m)	shikhar
branch	टहनी (f)	tahanī
bough	शाखा (f)	shākha
bud (on shrub, tree)	कलिका (f)	kalika
needle (of the pine tree)	सुई (f)	suī
fir cone	शंकुफल (m)	shankufal
tree hollow	खोखला (m)	khokhala
nest	घोंसला (m)	ghonsala
burrow (animal hole)	बिल (m)	bil
trunk	तना (m)	tana
root	जड़ (f)	jar
bark	छाल (f)	chhāl
moss	काई (f)	kaī
to uproot (remove trees or tree stumps)	उखाड़ना	ukhārana
to chop down	काटना	kātana
to deforest (vt)	जंगल काटना	jangal kātana
tree stump	ठूंठ (m)	thūnth
campfire	अलाव (m)	alāv
forest fire	जंगल की आग (f)	jangal kī āg
to extinguish (vt)	आग बुझाना	āg bujhāna
forest ranger	वनरक्षक (m)	vanarakshak
protection	रक्षा (f)	raksha
to protect (~ nature)	रक्षा करना	raksha karana
poacher	चोर शिकारी (m)	chor shikārī
steel trap	फंदा (m)	fanda
to gather, to pick (vt)	बटोरना	batorana
to lose one's way	रास्ता भूलना	rāsta bhūlana

132. Natural resources

natural resources	प्राकृतिक संसाधन (m pl)	prākrtik sansādhan
minerals	खनिज पदार्थ (m pl)	khanij padārth
deposits	तह (f pl)	tah
field (e.g. oilfield)	क्षेत्र (m)	kshetr
to mine (extract)	खोदना	khodana
mining (extraction)	खनिकर्म (m)	khanikarm
ore	अयस्क (m)	ayask
mine (e.g. for coal)	खान (f)	khān
shaft (mine ~)	शैफ़्ट (m)	shaifat
miner	खनिक (m)	khanik
gas (natural ~)	गैस (m)	gais
gas pipeline	गैस पाइप लाइन (m)	gais paip lain
oil (petroleum)	पेट्रोल (m)	petrol
oil pipeline	तेल पाइप लाइन (m)	tel paip lain

oil well	तेल का कुँआ (m)	tel ka kuna
derrick (tower)	डेरिक (m)	derik
tanker	टैंकर (m)	tainkar

sand	रेत (m)	ret
limestone	चूना पत्थर (m)	chūna patthar
gravel	बजरी (f)	bajarī
peat	पीट (m)	pīt
clay	मिट्टी (f)	mittī
coal	कोयला (m)	koyala

iron (ore)	लोहा (m)	loha
gold	सोना (m)	sona
silver	चाँदी (f)	chāndī
nickel	गिलट (m)	gilat
copper	ताँबा (m)	tānba

zinc	जस्ता (m)	jasta
manganese	अयस (m)	ayas
mercury	पारा (f)	pāra
lead	सीसा (f)	sīsa

mineral	खनिज (m)	khanij
crystal	क्रिस्टल (m)	kristal
marble	संगमरमर (m)	sangamaramar
uranium	यूरेनियम (m)	yūreniyam

The Earth. Part 2

133. Weather

weather	मौसम (m)	mausam
weather forecast	मौसम का पूर्वानुमान (m)	mausam ka pūrvānumān
temperature	तापमान (m)	tāpamān
thermometer	थर्मामीटर (m)	tharmāmītar
barometer	बैरोमीटर (m)	bairomītar
humidity	नमी (f)	namī
heat (extreme ~)	गरमी (f)	garamī
hot (torrid)	गरम	garam
it's hot	गरमी है	garamī hai
it's warm	गरम है	garam hai
warm (moderately hot)	गरम	garam
it's cold	ठंडक है	thandak hai
cold (adj)	ठंडा	thanda
sun	सूरज (m)	sūraj
to shine (vi)	चमकना	chamakana
sunny (day)	धूपदार	dhūpadār
to come up (vi)	उगना	ugana
to set (vi)	डूबना	dūbana
cloud	बादल (m)	bādal
cloudy (adj)	मेघाच्छादित	meghāchchhādit
rain cloud	घना बादल (m)	ghana bādal
somber (gloomy)	बदली	badalī
rain	बारिश (f)	bārish
it's raining	बारिश हो रही है	bārish ho rahī hai
rainy (~ day, weather)	बरसाती	barasātī
to drizzle (vi)	बूंदाबांदी होना	būndābāndī hona
pouring rain	मूसलधार बारिश (f)	mūsaladhār bārish
downpour	मूसलधार बारिश (f)	mūsaladhār bārish
heavy (e.g. ~ rain)	भारी	bhārī
puddle	पोखर (m)	pokhar
to get wet (in rain)	भीगना	bhīgana
fog (mist)	कुहरा (m)	kuhara
foggy	कुहरेदार	kuharedār
snow	बर्फ़ (f)	barf
it's snowing	बर्फ़ पड़ रही है	barf par rahī hai

134. Severe weather. Natural disasters

thunderstorm	गरजवाला तुफान (m)	garajavāla tufān
lightning (~ strike)	बिजली (m)	bijalī
to flash (vi)	चमकना	chamakana
thunder	गरज (m)	garaj
to thunder (vi)	बादल गरजना	bādal garajana
it's thundering	बादल गरज रहा है	bādal garaj raha hai
hail	ओला (m)	ola
it's hailing	ओले पड़ रहे हैं	ole par rahe hain
to flood (vt)	बाढ़ आ जाना	bārh ā jāna
flood, inundation	बाढ़ (f)	bārh
earthquake	भूकंप (m)	bhūkamp
tremor, shoke	झटका (m)	jhataka
epicentre	अधिकेंद्र (m)	adhikendr
eruption	उद्गार (m)	udgār
lava	लावा (m)	lāva
twister	बवंडर (m)	bavandar
tornado	टोर्नेडो (m)	tornedo
typhoon	रतूफ़ान (m)	ratūfān
hurricane	समुद्री तूफ़ान (m)	samudrī tūfān
storm	तुफ़ान (m)	tufān
tsunami	सुनामी (f)	sunāmī
cyclone	चक्रवात (m)	chakravāt
bad weather	ख़राब मौसम (m)	kharāb mausam
fire (accident)	आग (f)	āg
disaster	प्रलय (m)	pralay
meteorite	उल्का पिंड (m)	ulka pind
avalanche	हिमस्खलन (m)	himaskhalan
snowslide	हिमस्खलन (m)	himaskhalan
blizzard	बर्फ़ का तुफ़ान (m)	barf ka tufān
snowstorm	बर्फ़िला तुफ़ान (m)	barfila tufān

Fauna

135. Mammals. Predators

predator	परभक्षी (m)	parabhakshī
tiger	बाघ (m)	bāgh
lion	शेर (m)	sher
wolf	भेड़िया (m)	bheriya
fox	लोमड़ी (f)	lomri
jaguar	जागुआर (m)	jāguār
leopard	तेंदुआ (m)	tendua
cheetah	चीता (m)	chīta
black panther	काला तेंदुआ (m)	kāla tendua
puma	पहाड़ी बिलाव (m)	pahādī bilāv
snow leopard	हिम तेंदुआ (m)	him tendua
lynx	वन बिलाव (m)	van bilāv
coyote	कोयोट (m)	koyot
jackal	गीदड़ (m)	gīdar
hyena	लकड़बग्घा (m)	lakarabaggha

136. Wild animals

animal	जानवर (m)	jānavar
beast (animal)	जानवर (m)	jānavar
squirrel	गिलहरी (f)	gilaharī
hedgehog	कांटा-चूहा (m)	kānta-chūha
hare	खरगोश (m)	kharagosh
rabbit	खरगोश (m)	kharagosh
badger	बिज्जू (m)	bijjū
raccoon	रैकून (m)	raikūn
hamster	हैम्स्टर (m)	haimstar
marmot	मारमोट (m)	māramot
mole	छछूंदर (m)	chhachhūndar
mouse	चूहा (m)	chūha
rat	घूस (m)	ghūs
bat	चमगादड़ (m)	chamagādar
ermine	नेवला (m)	nevala
sable	सेबल (m)	sebal
marten	मार्टेन (m)	māraten
weasel	नेवला (m)	nevala
mink	मिंक (m)	mink

| beaver | ऊदबिलाव (m) | ūdabilāv |
| otter | ऊदबिलाव (m) | ūdabilāv |

horse	घोड़ा (m)	ghora
moose	मूस (m)	mūs
deer	हिरण (m)	hiran
camel	ऊंट (m)	ūnt

bison	बाइसन (m)	baisan
wisent	जंगली बैल (m)	jangalī bail
buffalo	भैंस (m)	bhains

zebra	ज़ेबरा (m)	zebara
antelope	मृग (f)	mrg
roe deer	मृगनी (f)	mrgnī
fallow deer	चीतल (m)	chītal
chamois	शैमी (f)	shaimī
wild boar	जंगली सुअर (m)	jangalī suār

whale	ह्वेल (f)	hvel
seal	सील (m)	sīl
walrus	वॉलरस (m)	volaras
fur seal	फर सील (f)	far sīl
dolphin	डॉलफ़िन (f)	dolafin

bear	रीछ (m)	rīchh
polar bear	साफ़ेद रीछ (m)	safed rīchh
panda	पांडा (m)	pānda

monkey	बंदर (m)	bandar
chimpanzee	वनमानुष (m)	vanamānush
orangutan	वनमानुष (m)	vanamānush
gorilla	गोरिला (m)	gorila
macaque	अफ़्रीकन लंगूर (m)	afrikan langūr
gibbon	गिब्बन (m)	gibban

elephant	हाथी (m)	hāthī
rhinoceros	गैंडा (m)	gainda
giraffe	जिराफ़ (m)	jirāf
hippopotamus	दरियाई घोड़ा (m)	dariyaī ghora

| kangaroo | कंगारू (m) | kangārū |
| koala (bear) | कोआला (m) | koāla |

mongoose	नेवला (m)	nevala
chinchilla	चिनचीला (f)	chinachīla
skunk	स्कंक (m)	skank
porcupine	शल्यक (f)	shalyak

137. Domestic animals

cat	बिल्ली (f)	billī
tomcat	बिल्ला (m)	billa
dog	कुत्ता (m)	kutta

horse	घोड़ा (m)	ghora
stallion (male horse)	घोड़ा (m)	ghora
mare	घोड़ी (f)	ghorī
cow	गाय (f)	gāy
bull	बैल (m)	bail
ox	बैल (m)	bail
sheep (ewe)	भेड़ (f)	bher
ram	भेड़ा (m)	bhera
goat	बकरी (f)	bakarī
billy goat, he-goat	बकरा (m)	bakara
donkey	गधा (m)	gadha
mule	खच्चर (m)	khachchar
pig	सुअर (m)	suar
piglet	घेंटा (m)	ghenta
rabbit	खरगोश (m)	kharagosh
hen (chicken)	मुर्गी (f)	murgī
cock	मुर्गा (m)	murga
duck	बत्तख़ (f)	battakh
drake	नर बत्तख़ (m)	nar battakh
goose	हंस (m)	hans
tom turkey, gobbler	नर टर्की (m)	nar tarkī
turkey (hen)	टर्की (f)	tarkī
domestic animals	घरेलू पशु (m pl)	gharelū pashu
tame (e.g. ~ hamster)	पालतू	pālatū
to tame (vt)	पालतू बनाना	pālatū banāna
to breed (vt)	पालना	pālana
farm	खेत (m)	khet
poultry	मुर्गी पालन (f)	murgī pālan
cattle	मवेशी (m)	maveshī
herd (cattle)	पशु समूह (m)	pashu samūh
stable	अस्तबल (m)	astabal
pigsty	सूअरखाना (m)	sūarakhāna
cowshed	गोशाला (f)	goshāla
rabbit hutch	खरगोश का दरबा (m)	kharagosh ka daraba
hen house	मुर्गीखाना (m)	murgīkhāna

138. Birds

bird	चिड़िया (f)	chiriya
pigeon	कबूतर (m)	kabūtar
sparrow	गौरैया (f)	gauraiya
tit (great tit)	टिटरी (f)	titarī
magpie	नीलकण्ठ पक्षी (f)	nīlakanth pakshī
raven	काला कौआ (m)	kāla kaua

crow	कौआ (m)	kaua
jackdaw	कौआ (m)	kaua
rook	कौआ (m)	kaua
duck	बतख़ (f)	battakh
goose	हंस (m)	hans
pheasant	तीतर (m)	tītar
eagle	चील (f)	chīl
hawk	बाज़ (m)	bāz
falcon	बाज़ (m)	bāz
vulture	गिद्ध (m)	giddh
condor (Andean ~)	कॉन्डोर (m)	kondor
swan	राजहंस (m)	rājahans
crane	सारस (m)	sāras
stork	लकलक (m)	lakalak
parrot	तोता (m)	tota
hummingbird	हमिंग बर्ड (f)	haming bard
peacock	मोर (m)	mor
ostrich	शुतुरमुर्ग (m)	shuturamurg
heron	बगुला (m)	bagula
flamingo	फ्लेमिन्गो (m)	flemingo
pelican	हवासिल (m)	havāsil
nightingale	बुलबुल (m)	bulabul
swallow	अबाबील (f)	abābīl
thrush	मुखव्रण (f)	mukhavran
song thrush	मुखव्रण (f)	mukhavran
blackbird	ब्लैकबर्ड (m)	blaikabard
swift	बतासी (f)	batāsī
lark	भरत (m)	bharat
quail	वर्तक (m)	varttak
woodpecker	कठफोड़ा (m)	kathafora
cuckoo	कोयल (f)	koyal
owl	उल्लू (m)	ullū
eagle owl	गरुड़ उल्लू (m)	garūṛ ullū
wood grouse	तीतर (m)	tītar
black grouse	काला तीतर (m)	kāla tītar
partridge	चकोर (m)	chakor
starling	तिलिया (f)	tiliya
canary	कनारी (f)	kanārī
hazel grouse	पिंगल तीतर (m)	pingal tītar
chaffinch	फ़िंच (m)	finch
bullfinch	बुलफ़िंच (m)	bulafinch
seagull	गंगा-चिल्ली (f)	ganga-chillī
albatross	अल्बात्रोस (m)	albātros
penguin	पेंगुइन (m)	penguin

139. Fish. Marine animals

bream	ब्रीम (f)	brīm
carp	कार्प (f)	kārp
perch	पर्च (f)	parch
catfish	कैटफ़िश (f)	kaitafish
pike	पाइक (f)	paik
salmon	सैल्मन (f)	sailman
sturgeon	स्टर्जन (f)	starjan
herring	हेरिंग (f)	hering
Atlantic salmon	अटलांटिक सैल्मन (f)	atalāntik sailman
mackerel	माक्रैल (f)	mākrail
flatfish	फ्लैटफ़िश (f)	flaitafish
zander, pike perch	पाइक पर्च (f)	paik parch
cod	कॉड (f)	kod
tuna	टूना (f)	tūna
trout	ट्राउट (f)	traut
eel	सर्पमीन (f)	sarpamīn
electric ray	विद्युत शंकुश (f)	vidyut shankush
moray eel	मोरे सर्पमीन (f)	more sarpamīn
piranha	पिरान्हा (f)	pirānha
shark	शार्क (f)	shārk
dolphin	डॉलफ़िन (f)	dolafin
whale	ह्वेल (f)	hvel
crab	केकड़ा (m)	kekara
jellyfish	जेली फ़िश (f)	jelī fish
octopus	आक्टोपस (m)	āktopas
starfish	स्टार फ़िश (f)	stār fish
sea urchin	जलसाही (f)	jalasāhī
seahorse	समुद्री घोड़ा (m)	samudrī ghora
oyster	कस्तूरा (m)	kastūra
prawn	झींगा (f)	jhīnga
lobster	लॉब्सटर (m)	lobsatar
spiny lobster	स्पाइनी लॉब्सटर (m)	spainī lobsatar

140. Amphibians. Reptiles

snake	सर्प (m)	sarp
venomous (snake)	विषैला	vishaila
viper	वाइपर (m)	vaipar
cobra	नाग (m)	nāg
python	अजगर (m)	ajagar
boa	अजगर (m)	ajagar
grass snake	साँप (f)	sānp

rattle snake	रैटल सर्प (m)	raital sarp
anaconda	एनाकोन्डा (f)	enākonda
lizard	छिपकली (f)	chhipakalī
iguana	इग्युएना (m)	igyūena
monitor lizard	मॉनिटर छिपकली (f)	monitar chhipakalī
salamander	सैलामैंडर (m)	sailāmaindar
chameleon	गिरगिट (m)	giragit
scorpion	वृश्चिक (m)	vrshchik
turtle	कछुआ (m)	kachhua
frog	मेंढक (m)	mendhak
toad	भेक (m)	bhek
crocodile	मगर (m)	magar

141. Insects

insect	कीट (m)	kīt
butterfly	तितली (f)	titalī
ant	चींटी (f)	chīntī
fly	मक्खी (f)	makkhī
mosquito	मच्छर (m)	machchhar
beetle	भृंग (m)	bhrng
wasp	हड्डा (m)	hadda
bee	मधुमक्खी (f)	madhumakkhī
bumblebee	भंवरा (m)	bhanvara
gadfly (botfly)	गोमक्खी (f)	gomakkhī
spider	मकड़ी (f)	makarī
spider's web	मकड़ी का जाल (m)	makarī ka jāl
dragonfly	व्याध-पतंग (m)	vyādh-patang
grasshopper	टिड्डा (m)	tidda
moth (night butterfly)	पतंगा (m)	patanga
cockroach	तिलचट्टा (m)	tilachatta
tick	जुँआ (m)	juna
flea	पिस्सू (m)	pissū
midge	भुनगा (m)	bhunaga
locust	टिड्डी (f)	tiddī
snail	घोंघा (m)	ghongha
cricket	झींगुर (m)	jhīngur
firefly	जुगनू (m)	juganū
ladybird	सोनपंखी (f)	sonapankhī
cockchafer	कोकचाफ़ (m)	kokachāf
leech	जोंक (m)	jok
caterpillar	इल्ली (f)	illī
earthworm	केंचुआ (m)	kenchua
larva	कीटडिंभ (m)	kītadimbh

Flora

142. Trees

tree	पेड़ (m)	per
deciduous (adj)	पर्णपाती	parnapātī
coniferous (adj)	शंकुधर	shankudhar
evergreen (adj)	सदाबहार	sadābahār
apple tree	सेब वृक्ष (m)	seb vrksh
pear tree	नाशपाती का पेड़ (m)	nāshpātī ka per
cherry tree	चेरी का पेड़ (f)	cherī ka per
plum tree	आलूबुख़ारे का पेड़ (m)	ālūbukhāre ka per
birch	सनोबर का पेड़ (m)	sanobar ka per
oak	बलूत (m)	balūt
linden tree	लिनडेन वृक्ष (m)	linaden vrksh
aspen	आस्पेन वृक्ष (m)	āspen vrksh
maple	मेपल (m)	mepal
spruce	फर का पेड़ (m)	far ka per
pine	देवदार (m)	devadār
larch	लार्च (m)	lārch
fir tree	फर (m)	far
cedar	देवदर (m)	devadar
poplar	पोप्लर वृक्ष (m)	poplar vrksh
rowan	रोवाण (m)	rovān
willow	विलो (f)	vilo
alder	आल्डर वृक्ष (m)	āldar vrksh
beech	बीच (m)	bīch
elm	एल्म वृक्ष (m)	elm vrksh
ash (tree)	एश-वृक्ष (m)	esh-vrksh
chestnut	चेस्टनट (m)	chestanat
magnolia	मैगनोलिया (f)	maiganoliya
palm tree	ताड़ का पेड़ (m)	tār ka per
cypress	सरो (m)	saro
mangrove	मैनग्रोव (m)	mainagrov
baobab	गोरक्षी (m)	gorakshī
eucalyptus	यूकेलिप्टस (m)	yūkeliptas
sequoia	सेकोइया (f)	sekoiya

143. Shrubs

bush	झाड़ी (f)	jhārī
shrub	झाड़ी (f)	jhārī

grapevine	अंगूर की बेल (f)	angūr kī bel
vineyard	अंगूर का बाग़ (m)	angūr ka bāġ
raspberry bush	रास्पबेरी की झाड़ी (f)	rāspaberī kī jhāṛī
redcurrant bush	लाल करेंट की झाड़ी (f)	lāl karent kī jhāṛī
gooseberry bush	गूज़बेरी की झाड़ी (f)	gūzaberī kī jhāṛī
acacia	ऐकेशिय (m)	aikeshiy
barberry	बारबेरी झाड़ी (f)	bāraberī jhāṛī
jasmine	चमेली (f)	chamelī
juniper	जूनिपर (m)	jūnipar
rosebush	गुलाब की झाड़ी (f)	gulāb kī jhāṛī
dog rose	जंगली गुलाब (m)	jangalī gulāb

144. Fruits. Berries

fruit	फल (m)	fal
fruits	फल (m pl)	fal
apple	सेब (m)	seb
pear	नाशपाती (f)	nāshpātī
plum	आलूबुखारा (m)	ālūbukhāra
strawberry (garden ~)	स्ट्रॉबेरी (f)	stroberī
cherry	चेरी (f)	cherī
grape	अंगूर (m)	angūr
raspberry	रास्पबेरी (f)	rāspaberī
blackcurrant	काली करेंट (f)	kālī karent
redcurrant	लाल करेंट (f)	lāl karent
gooseberry	गूज़बेरी (f)	gūzaberī
cranberry	क्रेनबेरी (f)	krenaberī
orange	संतरा (m)	santara
tangerine	नारंगी (f)	nārangī
pineapple	अनानास (m)	anānās
banana	केला (m)	kela
date	खजूर (m)	khajūr
lemon	नींबू (m)	nīmbū
apricot	खूबानी (f)	khūbānī
peach	आड़ू (m)	ārū
kiwi	चीकू (m)	chīkū
grapefruit	ग्रेपफ्रूट (m)	grepafrūt
berry	बेरी (f)	berī
berries	बेरियां (f pl)	beriyān
cowberry	काओबेरी (f)	kaoberī
wild strawberry	जंगली स्ट्रॉबेरी (f)	jangalī stroberī
bilberry	बिलबेरी (f)	bilaberī

145. Flowers. Plants

flower	फूल (m)	fūl
bouquet (of flowers)	गुलदस्ता (m)	guladasta
rose (flower)	गुलाब (f)	gulāb
tulip	ट्यूलिप (m)	tyūlip
carnation	गुलनार (m)	gulanār
gladiolus	ग्लेडियोलस (m)	glediyolas
cornflower	नीलकूपी (m)	nīlakūpī
harebell	ब्लूबेल (m)	blūbel
dandelion	कुकरौंधा (m)	kukaraundha
camomile	कैमोमाइल (m)	kaimomail
aloe	मुसब्बर (m)	musabbar
cactus	कैक्टस (m)	kaiktas
rubber plant, ficus	रबड़ का पौधा (m)	rabar ka paudha
lily	कुमुदिनी (f)	kumudinī
geranium	जरेनियम (m)	jeraniyam
hyacinth	हायसिंथ (m)	hāyasinth
mimosa	मिमोसा (m)	mimosa
narcissus	नरगिस (f)	naragis
nasturtium	नस्टाशयम (m)	nastāshayam
orchid	आर्किड (m)	ārkid
peony	पियोनी (m)	piyonī
violet	वॉयलेट (m)	voyalet
pansy	पैंज़ी (m pl)	painzī
forget-me-not	फर्गेट मी नाट (m)	fargent mī nāt
daisy	गुलबहार (f)	gulabahār
poppy	खशखाश (m)	khashakhāsh
hemp	भांग (f)	bhāng
mint	पुदीना (m)	pudīna
lily of the valley	कामुदिनी (f)	kāmudinī
snowdrop	सफ़ेद फूल (m)	safed fūl
nettle	बिच्छू बूटी (f)	bichchhū būtī
sorrel	सोरेल (m)	sorel
water lily	कुमुदिनी (f)	kumudinī
fern	फर्न (m)	farn
lichen	शैवाक (m)	shaivāk
conservatory (greenhouse)	शीशाघर (m)	shīshāghar
lawn	घास का मैदान (m)	ghās ka maidān
flowerbed	फुलवारी (f)	fulavārī
plant	पौधा (m)	paudha
grass	घास (f)	ghās
blade of grass	तिनका (m)	tinaka

leaf	पत्ती (f)	pattī
petal	पंखड़ी (f)	pankharī
stem	डंडी (f)	dandī
tuber	कंद (m)	kand
young plant (shoot)	अंकुर (m)	ankur
thorn	काँटा (m)	kānta
to blossom (vi)	खिलना	khilana
to fade, to wither	मुरझाना	murajhāna
smell (odour)	बू (m)	bū
to cut (flowers)	काटना	kātana
to pick (a flower)	तोड़ना	torana

146. Cereals, grains

grain	दाना (m)	dāna
cereal crops	अनाज की फ़सलें (m pl)	anāj kī fasalen
ear (of barley, etc.)	बाल (f)	bāl
wheat	गेहूँ (m)	gehūn
rye	रई (f)	raī
oats	जई (f)	jaī
millet	बाजरा (m)	bājara
barley	जौ (m)	jau
maize	मक्का (m)	makka
rice	चावल (m)	chāval
buckwheat	मोथी (m)	mothī
pea plant	मटर (m)	matar
kidney bean	राजमा (f)	rājama
soya	सोया (m)	soya
lentil	दाल (m)	dāl
beans (pulse crops)	फली (f pl)	falī

COUNTRIES. NATIONALITIES

147. Western Europe

Europe	यूरोप (m)	yūrop
European Union	यूरोपीय संघ (m)	yūropīy sangh
Austria	ऑस्ट्रिया (m)	ostriya
Great Britain	ग्रेट ब्रिटेन (m)	gret briten
England	इंग्लैंड (m)	inglaind
Belgium	बेल्जियम (m)	beljiyam
Germany	जर्मन (m)	jarman
Netherlands	नीदरलैंड्स (m)	nīdaralainds
Holland	हॉलैंड (m)	holaind
Greece	ग्रीस (m)	grīs
Denmark	डेन्मार्क (m)	denmārk
Ireland	आयरलैंड (m)	āyaralaind
Iceland	आयसलैंड (m)	āyasalaind
Spain	स्पेन (m)	spen
Italy	इटली (m)	italī
Cyprus	साइप्रस (m)	saipras
Malta	माल्टा (m)	mālta
Norway	नार्वे (m)	nārve
Portugal	पुर्तगाल (m)	purtagāl
Finland	फ़िनलैंड (m)	finalaind
France	फ्रांस (m)	frāns
Sweden	स्वीडन (m)	svīdan
Switzerland	स्विट्ज़रलैंड (m)	svitzaralaind
Scotland	स्कॉटलैंड (m)	skotalaind
Vatican City	वेटिकन (m)	vetikan
Liechtenstein	लिक्टेंस्टीन (m)	likatenstīn
Luxembourg	लक्जमबर्ग (m)	lakzamabarg
Monaco	मोनाको (m)	monāko

148. Central and Eastern Europe

Albania	अल्बानिया (m)	albāniya
Bulgaria	बुल्गारिया (m)	bulgāriya
Hungary	हंगरी (m)	hangarī
Latvia	लातविया (m)	lātaviya
Lithuania	लिथुआनिया (m)	lithuāniya
Poland	पोलैंड (m)	polaind

Romania	रोमानिया (m)	romāniya
Serbia	सर्बिया (m)	sarbiya
Slovakia	स्लोवाकिया (m)	slovākiya
Croatia	क्रोएशिया (m)	kroeshiya
Czech Republic	चेक गणतंत्र (m)	chek ganatantr
Estonia	एस्तोनिया (m)	estoniya
Bosnia and Herzegovina	बोस्निया और हर्ज़ेगोविना	bosniya aur harzegovina
North Macedonia	मेसेडोनिया (m)	mesedoniya
Slovenia	स्लोवेनिया (m)	sloveniya
Montenegro	मोंटेनेग्रो (m)	montenegro

149. Former USSR countries

Azerbaijan	आज़रबाइजान (m)	āzarabaijān
Armenia	आर्मीनिया (m)	ārmīniya
Belarus	बेलारूस (m)	belārūs
Georgia	जॉर्जिया (m)	jorjiya
Kazakhstan	कज़ाकस्तान (m)	kazākastān
Kirghizia	किर्गीज़िया (m)	kirgīziya
Moldova, Moldavia	मोलदोवा (m)	moladova
Russia	रूस (m)	rūs
Ukraine	यूक्रेन (m)	yūkren
Tajikistan	ताजिकिस्तान (m)	tājikistān
Turkmenistan	तुर्कमानिस्तान (m)	turkamānistān
Uzbekistan	उज़्बेकिस्तान (m)	uzbekistān

150. Asia

Asia	एशिया (f)	eshiya
Vietnam	वियतनाम (m)	viyatanām
India	भारत (m)	bhārat
Israel	इसरायल (m)	isrāyal
China	चीन (m)	chīn
Lebanon	लेबनान (m)	lebanān
Mongolia	मंगोलिया (m)	mangoliya
Malaysia	मलेशिया (m)	maleshiya
Pakistan	पाकिस्तान (m)	pākistān
Saudi Arabia	सऊदी अरब (m)	saūdī arab
Thailand	थाईलैंड (m)	thaīlaind
Taiwan	ताइवान (m)	taivān
Turkey	तुर्की (m)	turkī
Japan	जापान (m)	jāpān
Afghanistan	अफ़्ग़ानिस्तान (m)	afagānistān
Bangladesh	बांग्लादेश (m)	bāngladesh

Indonesia	इण्डोनेशिया (m)	indoneshiya
Jordan	जॉर्डन (m)	jordan
Iraq	इराक़ (m)	irāq
Iran	इरान (m)	irān
Cambodia	कम्बोडिया (m)	kambodiya
Kuwait	कुवैत (m)	kuvait
Laos	लाओस (m)	laos
Myanmar	म्यांमर (m)	myāmmar
Nepal	नेपाल (m)	nepāl
United Arab Emirates	संयुक्त अरब अमीरात (m)	sanyukt arab amīrāt
Syria	सीरिया (m)	sīriya
Palestine	फिलिस्तीन (m)	filistīn
South Korea	दक्षिण कोरिया (m)	dakshin koriya
North Korea	उत्तर कोरिया (m)	uttar koriya

151. North America

United States of America	संयुक्त राज्य अमरीका (m)	sanyukt rājy amarīka
Canada	कनाडा (m)	kanāda
Mexico	मेक्सिको (m)	meksiko

152. Central and South America

Argentina	अर्जेंटीना (m)	arjentīna
Brazil	ब्राज़ील (m)	brāzīl
Colombia	कोलम्बिया (m)	kolambiya
Cuba	क्यूबा (m)	kyūba
Chile	चिली (m)	chilī
Bolivia	बोलीविया (m)	bolīviya
Venezuela	वेनेज़ुएला (m)	venezuela
Paraguay	परागुआ (m)	parāgua
Peru	पेरू (m)	perū
Suriname	सूरीनाम (m)	sūrīnām
Uruguay	उरुग्वे (m)	urugve
Ecuador	इक्वेडोर (m)	ikvedor
The Bahamas	बहामा (m)	bahāma
Haiti	हाईटी (m)	haitī
Dominican Republic	डोमिनिकन रिपब्लिक (m)	dominikan ripablik
Panama	पनामा (m)	panāma
Jamaica	जमैका (m)	jamaika

153. Africa

| Egypt | मिस्र (m) | misr |
| Morocco | मोरक्को (m) | morakko |

Tunisia	ट्यूनीसिया (m)	tyunīsiya
Ghana	घाना (m)	ghāna
Zanzibar	ज़ैंज़िबार (m)	zainzibār
Kenya	केन्या (m)	kenya
Libya	लीबिया (m)	lībiya
Madagascar	मडागास्कार (m)	madāgāskār
Namibia	नामीबिया (m)	nāmībiya
Senegal	सेनेगाल (m)	senegāl
Tanzania	तंज़ानिया (m)	tanzāniya
South Africa	दक्षिण अफ्रीका (m)	dakshin afrīka

154. Australia. Oceania

Australia	आस्ट्रेलिया (m)	āstreliya
New Zealand	न्यू ज़ीलैंड (m)	nyū zīlaind
Tasmania	तास्मानिया (m)	tāsmāniya
French Polynesia	फ्रेंच पॉलीनेशिया (m)	french polīneshiya

155. Cities

Amsterdam	एम्स्टर्डम (m)	emstardam
Ankara	अंकारा (m)	ankāra
Athens	एथेन्स (m)	ethens
Baghdad	बगदाद (m)	bagadād
Bangkok	बैंकॉक (m)	bainkok
Barcelona	बार्सिलोना (m)	bārsilona
Beijing	बीजिंग (m)	bījing
Beirut	बेरूत (m)	berūt
Berlin	बर्लिन (m)	barlin
Mumbai (Bombay)	मुम्बई (m)	mumbī
Bonn	बॉन (m)	bon
Bordeaux	बोदी (m)	bordo
Bratislava	ब्राटीस्लावा (m)	brātīslāva
Brussels	ब्रसेल्स (m)	brasels
Bucharest	बुखारेस्ट (m)	bukhārest
Budapest	बुडापेस्ट (m)	budāpest
Cairo	काहिरा (m)	kāhira
Kolkata (Calcutta)	कोलकाता (m)	kolakāta
Chicago	शिकागो (m)	shikāgo
Copenhagen	कोपनहेगन (m)	kopanahegan
Dar-es-Salaam	दार-एस-सलाम (m)	dār-es-salām
Delhi	दिल्ली (f)	dillī
Dubai	दुबई (m)	dubī
Dublin	डब्लिन (m)	dablin
Düsseldorf	डसेलडोर्फ़ (m)	daseladorf
Florence	फ्लोरेंस (m)	florens

| Frankfurt | फ्रैंकफ़र्ट (m) | frainkfart |
| Geneva | जेनेवा (m) | jeneva |

The Hague	हेग (m)	heg
Hamburg	हैम्बर्ग (m)	haimbarg
Hanoi	हनोई (m)	hanoī
Havana	हवाना (m)	havāna
Helsinki	हेलसिंकी (m)	helasinkī
Hiroshima	हिरोशीमा (m)	hiroshīma
Hong Kong	हांगकांग (m)	hāngakāng

Istanbul	इस्तांबुल (m)	istāmbul
Jerusalem	यरूशलम (m)	yarūshalam
Kyiv	कीव (m)	kīv
Kuala Lumpur	कुआला लुम्पुर (m)	kuāla lumpur
Lisbon	लिस्बन (m)	lisban
London	लंदन (m)	landan
Los Angeles	लॉस एंजेलेस (m)	los enjeles
Lyons	लिओन (m)	lion

Madrid	मेड्रिड (m)	medrid
Marseille	मार्सेल (m)	mārsel
Mexico City	मेक्सिको सिटी (f)	meksiko sitī
Miami	मियामी (m)	miyāmī
Montreal	मांट्रियल (m)	māntriyal
Moscow	मॉस्को (m)	mosko
Munich	म्यूनिख़ (m)	myūnikh

Nairobi	नैरोबी (m)	nairobī
Naples	नेपल्स (m)	nepals
New York	न्यू यॉर्क (m)	nyū york
Nice	नीस (m)	nīs
Oslo	ओस्लो (m)	oslo
Ottawa	ओटावा (m)	otāva

Paris	पेरिस (m)	peris
Prague	प्राग (m)	prāg
Rio de Janeiro	रिओ डे जैनेरो (m)	rio de jainero
Rome	रोम (m)	rom

Saint Petersburg	सेंट पीटरस्बर्ग (m)	sent pītarasbarg
Seoul	सियोल (m)	siyol
Shanghai	शंघाई (m)	shanghaī
Singapore	सिंगापुर (m)	singāpur

| Stockholm | स्टॉकहोम (m) | stokahom |
| Sydney | सिडनी (m) | sidanī |

Taipei	ताइपे (m)	taipe
Tokyo	टोकियो (m)	tokiyo
Toronto	टोरोन्टो (m)	toronto

Venice	वीनिस (m)	vīnis
Vienna	विएना (m)	viena
Warsaw	वॉरसों (m)	voraso
Washington	वॉशिंग्टन (m)	voshingtan

www.ingramcontent.com/pod-product-compliance
Lightning Source LLC
Chambersburg PA
CBHW070604050426
42450CB00011B/2980